An der Sohle des Stiefels

Für Papa & Matteo

Rocco Giuliano

An der Sohle des Stiefels

Urlaubsgeschichten aus der Basilikata

Bibliografische Information der Deutschen Nationalbibliothek:
Die Deutsche Nationalbibliothek verzeichnet diese Publikation in der Deutschen Nationalbibliografie; detaillierte bibliografische Daten sind im Internet über http://dnb.dnb.de abrufbar.

© 2015 Rocco Giuliano

Illustration: Rocco Giuliano
Mitarbeit: Sabrina Giuliano, Dominik Mildner

Herstellung und Verlag: BoD – Books on Demand, Norderstedt

ISBN: 978-3-7386-4108-0

Inhalt

Vorwort

Es ist das Jahr 1963.

Europa ist im Aufschwung, allenthalben wird gebaut was die Maschinen hergeben und das Wirtschaftswunder befindet sich bereits in seinem Endstadium.

Doch nicht ganz Europa ist von diesem Boom erfasst worden. Vor allem der Süden ist noch immer agrarisch geprägt und infrastrukturell nicht auf einer Höhe mit dem Norden.

Besonders in Italien ist diese Teilung spürbar, denn hier verläuft die Demarkationslinie zwischen Aufschwung und Rückstand mitten durch das Land. Die reiche Po-Ebene, die Industriezonen um Turin und Mailand und die bereits touristisch geprägte Adria sind längst dem „Mezzogiorno" im Süden enteilt. Außerordentlich hart hat es hier die Region Basilikata getroffen. Ganz im Süden, zwischen dem Ionischen und Tyrrhenischen Meer gelegen, umrahmt von den, zwar auch armen, aber noch besser situierten Regionen Apulien und Kalabrien, ohne jegliche Industrie und von schwacher Infrastruktur, gilt sie selbst bei Italienern heute noch als die vergessene Region. Viele Landsleute wissen nicht einmal, wo sich diese Region, die in mancher Literatur auch als „Lukanien" bezeichnet wird, eigentlich befindet. Die Basilikata hat damals, wie auch heute, keine Großstadt, kaum Bahnlinien und erst recht keinen Flughafen. Das Straßennetz ist miserabel und ist es des Öfteren auch geblieben

(Erst in den achtziger Jahren erhielt man immerhin ganze vier Autobahnausfahrten an einer einzigen, ganz westlich gelegenen Strecke). Wege werden noch auf dem Esel zurückgelegt und wer z.B. eine Egge hat, die man hinter ein Tier spannen konnte, besaß schon eine „Maschine".

Hier ist das Leben noch karg und arm. Gelebt wird von dem was das Feld und das Vieh hergeben und das Handwerk hat sicher keinen goldenen Boden. Handwerker werden entweder gar nicht oder manchmal in Naturalien bezahlt. Und, nur vom Parmesan, so gut er auch schmecken mag, oder gar vom ungemahlenen Korn lässt es sich nicht Leben. Es ist daher kaum verwunderlich, dass diese Region zu der damaligen Zeit als Rekrutierungsstätte vieler Gastarbeiter dient. Wer jung, voller Elan, etwas abenteuerlustig und auch auf der Suche nach Geld und Erfolg ist, der verlässt dieser Tage den Mezzogiorno, um sich auf zu machen in ein neues Leben und um vielleicht der Familie zuhause mit dem zurück geschicktem Geld ein wenig das Leben zu erleichtern. So auch mein Vater.

Zusammen mit zwei seiner drei Schwestern, macht er sich mit dem Zug auf den Weg nach Deutschland und kehrt seiner Heimat den Rücken, um dort Arbeit als Handwerker sein Glück, seine Liebe und seine neue Heimat zu finden.

Heute, nach mehr als fünfzig Jahren in Deutschland, ist mein Vater, trotz seines immer noch nicht zu überhörenden Akzents, den man getrost als „italohessisch" bezeichnen darf, längst mehr Deutscher als Italiener. So verwundert es kaum, dass auch ich mich – nicht nur was meinen Fußballgeschmack angeht – von Italien entfernt habe, sondern auch sonst deutsch denke, rede, handle und fühle. Auch des Italienischen bin ich leider nicht so mächtig wie ich es gern wäre. Ich komme pünktlich zu meinen – meist schon lange vorab per doodle vereinbarten – Terminen, hasse es unnötig aufgehalten zu werden und bin auch ein Freund von pünktlichem, nicht allzu spätem Essen. Außerdem schätze ich es sehr in einem Land zu leben, in dem alles irgendwie geregelt ist. Die nächste Großstadt ist nur wenige Kilometer entfernt und mein Handy bietet mir selbst an den entlegensten Orten Internetzugang. Ich finde das wunderbar.

Oh, wie sehr man sich täuschen kann.
Ein Urlaubsbericht...

Urlaub auf Balkonien?

*H*eutzutage ist man, besonders in Bezug auf den langersehnten Urlaub, immer auf der Hast nach Neuem, Spannenderem oder Entspannendem. Oder man hat ein kleines Kind von zweieinhalb Jahren. Dann lautet die Anforderung meist nur: Schnell zu erreichen, Platz zum Spielen, kinderfreundlich und möglichst günstig für die Dreiertruppe. Denn was die Preise angeht, ist es aus der Zeit als Paar besonders beim Urlaub noch ein langwieriger Umstellungsprozess zur Familie.

Zu den „Hardfacts" kommt mancherorts noch der weiche Faktor „Heimatverbundenheit". Dieser greift von Zeit zu Zeit bei mir und führt mich zurück an die Wurzeln meiner Familie, aber mindestens nach Italien als Ganzes betrachtet.

Mit dieser Faktenlage sitzen nun meine Frau Sabrina und ich an einem verregneten Februarabend zusammen und wälzten Reiseanbieterseiten im Internet, von denen es wohl in keinem anderen Land der Welt mehr gibt als in Deutschland. Mallorca? Zu teuer zu dritt, außer man geht an den Ballermann. Daher disqualifiziert. Eine Fernreise? Erstrecht zu teuer. Campen in Norditalien? Toll, aber wir waren erst im letzten Jahr dort. Und dann diese Schnaken! Gardasee? Zu Deutsch! Das Rippchen bei 25° aus Malcesine lag mir noch lang im Magen. Nordsee? Eines meiner Grundprinzipen beim Sommerurlaub lautet: „Ich möchte schon beim Frühstück schwitzen müssen". Zum Frieren muss man das Rhein-Main-Gebiet selten verlassen.

Also traue ich mich zu einem ersten Vorstoß: „Du, wir waren doch schon lang nicht mehr…" Ja, das letzte Mal waren wir dort vor sieben Jahren! Es war schön, aber als Familie? Die Leute sind wunderbar und hilfsbereit, können aber auch sehr vereinnahmend sein. „Bella Figura" wird immer geboten, aber auch erwartet. So wird etwa unerwähnt vorausgesetzt, dass man möglichst jedem, auch noch so entfernten, Verwandten einen Besuch abstattet. Das kann bisweilen ein urlaubsfüllendes Unterfangen sein. In meiner Kindheit wurden unsere Strandtage durchaus nach anstehenden oder zu absolvierenden Besuchen geplant und fielen daher oft entsprechend kurz aus. Kaum hatte man dann die Runde der Besuche hinter sich, nahte auch schon das Ende eines jeden Urlaubes, und es galt sich nochmal bei allen bereits Besuchten zu verabschieden. Auch hierfür mussten mehrere Tage eingeplant werden. Ebenso reisten wir immer mit bester Abendgarderobe in den Koffern an, falls wir überraschend morgens beim Bäcker spontan auf eine Hochzeit am gleichen Tag eingeladen würden, was nicht selten vorkam und dementsprechend jegliche Tagesplanung verwarf. Manche Cousine von mir weigert sich wegen dieser Verpflichtungen bis heute, teils unter Androhung von Handgreiflichkeiten, das Dorf zu bereisen.

Als Kind musste ich jedes Jahr „nach Hause", bis ich mich irgendwann in der Pubertät widersetzt hatte. Später, mit meiner jetzigen Frau, sind wir noch zweimal hin gefahren während meine

Eltern auch da waren, aber damit hat man dann auch alles gesehen und erlebt (wie wir dachten). Außerdem haben wir nun ein kleines Kind. Wir würden noch mehr in Zwänge geraten, von denen man sich eigentlich im Urlaub erholen möchte. Denn jetzt käme ja auch noch der kleine „Thronfolger", unser Sohn Matteo, mit.

Das Meer liegt auch nicht gerade um die Ecke, sondern ist erst nach einer gut dreißig minütigen Fahrt zu erreichen. Wenn man es erreicht, angesichts der serpentinenreichen Strecke bis zur Schnellstraße und dem italienischen Fahrstil auf eben dieser. Denn doppelt gezogene Überholverbotsstreifen auf der Fahrbahn werden hier lediglich als Vorschlag, keinesfalls als Regel angesehen. So wird man auch gern von einem Bus überholt, der seinerseits gerade von einem Motorrad überholt wird. Und das alles kurz vor einer Kurve. Dieses Manöver sollte wohl geübt sein, denn der am nächsten stationierte Rettungswagen ist mitunter dreißig Kilometer entfernt.

Andererseits ist die Anreise nicht ganz so beschwerlich wie noch zu meinen Kindestagen. Tausendsiebenhundert Kilometer einfach mit dem Auto! Aber von wegen einfach! Ohne Klimaanlage und mit defektem Radio, dies zu reparieren mein Vater nie als notwendig ansah! Das ganze Auto bis zum Dach bepackt und mit einer Kühltasche voller Lebensmitteln, die ab Basel den Namen schon nicht mehr verdient hatte und entsprechend roch! Heute lockt eine bekannte irische Billigfluglinie mit Flügen unter dreißig Euro ins relativ nahe gelegene Bari und die Kosten der Mietwägen um die letzten zweihundert Kilometer zu überbrücken sind auch überschaubar. Auf diese Weise könnte unser Kleiner zum ersten Mal fliegen und sich auf weitere bevorstehende Fernreisen vorbereiten, so zumindest das Argument und die Hoffnung meiner Frau.

Dazu kommt die Tatsache, dass die Region aus den bereits genannten Gründen alles andere als überlaufen ist. Selbst im Hochsommer sind die Strände nur am Wochenende wirklich voll. Das würde zumindest großes Sandschaufelvergnügen für unseren Sohn garantieren.

Ebenso sind die Preise im Süden moderat. Einen Sonnenschirm mit Liegestuhl bekommt man hier schon ab sieben Euro am Tag und dazu genügend Platz um sich seine Zeitung nicht mit dem Nachbar teilen zu müssen. Ganz anders als an der Adria oder in Spanien. Ganz zu schweigen von den Preisen für einen Kaffee oder einen Wein. Das in Italien seit Jahren fest verankerte „Espresso-Gesetz" verbietet es gar den Wirten im ganzen Land, mehr als einen Euro für einen Kaffee im Stehen an der Bar zu verlangen. In der Basilikata kostet er nirgends mehr als achtzig Cent. Und auch sonst sind die Lebensmittel hier unglaublich lecker und auch günstig. Wenn man überhaupt zum Einkaufen kommt, dazu aber später mehr.

Unsere zweifelnden Blicke werden entspannter. Sollen wir wirklich?

Ich habe auch noch ein paar Verwandte dort. Nichts was man in Deutschland als direkte Verwandtschaft bezeichnen würde, seit meine Großmutter vor einigen Jahren verstarb. Aber aus Sicht der Menschen dort ist man auch als Cousin zweiten

Grades durchaus als direkter Verwandter angesehen und daher wird erstrecht ab und zu eine Stippvisite erwartet. Gerade wenn ein kleiner Stammhalter unlängst geboren, aber noch nicht präsentiert wurde. Eine gewisse leidige Pflicht wäre also mit einem Besuch auch erledigt.

Auch die Unterkunft wäre vorhanden, denn meine Eltern unterhalten dort noch das Haus meiner Großmutter. „Ja, aber dort gibt es keinen Balkon". Sabrinas Argument schlägt ein wie eine Bombe! Zwar gibt es Balkone an dem Haus, allerdings kennen Italiener – zumindest Süditaliener – Balkonien nicht. Balkone sind nur Mittel zum Zweck. Keinesfalls zur Entspannung gedacht. Auf Balkonen verlängert man die Küche um dort zu grillen, hängt die Wäsche auf – was an unseren Exemplaren noch über eine frühzeitliche Wäscheleine, die über einen Radmechanismus die beiden Balkonen verbindet und dabei herrlich quietscht, funktioniert – oder unterhält sich lauthals mit den Nachbarn. Dort sitzt man jedenfalls nicht. Schon gar nicht um z.B. zu lesen oder etwas zu trinken. Aber wir sind ja Deutsche und dort zu Besuch, so mein Argument. Man würde es uns also kaum übel nehmen wenn wir uns des Abends mit einem Wein niederlassen.

Unter uns ist zu spüren, wie das Pendel langsam in eine Richtung ausschlägt. Dann zieht einer von uns beiden, es lässt sich nicht mal mehr nachvollziehen wer es war, den Joker, das letzte Ass aus dem Ärmel: „Und denk an das leckere Eis!"
Damit ist es beschlossen und besiegelt: Wir fahren nach COLOBRARO!

Die Türen öffnen sich

"Hier unten, ungefähr auf der Sohle des Stiefels". Routiniert zeige ich mit dem Zeigefinger auf den Bereich meiner Schuhe an dem sich die menschliche Fußsohle etwas wölbt. Mal wieder hat einer meiner Kollegen beim Mittagessen gefragt, wo denn dieses „Colobraro" liege, in das wir in diesem Sommer fahren würden. Und da diese Region nur den wenigsten Menschen ein Begriff ist, habe ich mir über die Jahre diese pragmatische Erklärung zu Recht gelegt, um die ungefähre Lage auf dem italienischen Stiefel darzustellen. „Colobraro liegt im Süden Italiens, in der Basilikata." Das ist meist die Einleitung für eine etwas ausführlichere Beschreibung. Die Region – also das Bundesland – Basilikata zwängt sich hier zwischen die weitaus bekannteren Regionen Apulien mit der Hafenstadt Bari und die Region Kalabrien. Kalabrien ist in letzter Zeit vor allem durch die 'Ndrangheta, die dortige Mafiaorganisation, und die damit verbundene Berichterstattung in den hiesigen Medien bekannt geworden. Daher folgt dann meist die Frage „Habt ihr da keine Angst wegen der Mafia?". Nein, Angst braucht man vor der Mafia in der Basilikata nicht zu haben, sie existiert hier schlicht nicht. Zumindest ist mir keine mafiöse Aktivität bekannt. Und das sagt eigentlich schon Einiges. Denn in dem Land, das als Keimzelle der Mafia bekannt ist, gibt es tatsächlich einen weißen Fleck auf deren Landkarte. Die Region galt und gilt immer noch so arm, dass selbst die Mafia dort nichts zu holen erwartet.

Die Basilikata teilt sich in zwei Provinzen – analog den deutschen Landkreisen. Der etwas größeren Provinz Potenza mit der gleichnamigen Provinz- und Regionshaupstadt und der ärmeren und kleineren Provinz Matera, die ebenfalls nach deren Hauptstadt benannt ist. Zumindest die Stadt Matera befindet sich seit geraumer Zeit im Aufschwung, seit sie zum Weltkulturerbe erklärt wurde. Einer ihrer Stadtbezirke, der gänzlich aus in den Fels gehauenen Höhlenwohnungen besteht, verhalf ihr zu diesem Ruhm. „Sassi" – so der Name dieses Bezirks und auch der Felswohnungen – wurde kurz darauf sogar von Mel Gibson als Kulisse für seine Passion Christi genutzt. Nichts desto trotz vermisst man heute noch in Matera einen Anschluss an die Autobahn oder gar an das öffentliche Bahnnetz. Man stelle sich vor: Eine deutsche Kreisstadt die zugleich Weltkulturerbe ist, aber nur von einer privaten, einspurigen Regionalbahn angefahren wird. Diesen Vergleich sucht man sicher vergebens.

„Und warum fährt man denn dann ausgerechnet dort hin?", will eine verwundert drein blickende Kollegin von mir wissen. „Tja", ergänze ich und fahre fort.

Ganz am südwestlichen Ende der Provinz Matera schlängelt sich ein kleiner Fluss – die Sinni – durch das gleichnamige Tal. Ihren Weg sucht sich die Sinni aus dem Monte Cotugno Gebirge kommend bis ins Ionische Meer über einen Stausee, der im Übrigen die größte Staumauer Europas besitzt, vorbei an skurril anmutenden Hügeln, deren Sandauswaschungen ihnen den Namen „Faltengebirge" einbringen. Das ehemalige, weitaus breitere, Flussbett wird seit der Aufstauung des Flusses als Anbauplantagen für Früchte aller Art genutzt. Orangen, Aprikosen, Melonen, Tomaten, Feigen und vieles mehr findet man hier allenthalben. Dazwischen haben die Bauern, versteckt an den Seiten der Plantagen, öffentliche Trinkbrunnen eingerichtet, die noch heute den Durst der Einheimischen und der Feldarbeiter stillen. Lediglich die nach dem Fluss benannte Schnellstraße „Sinnica" und die danebengelegenen Wasserrohre des Stausees, stören etwas dieses wunderschöne, friedliche Bild. Eine Landschaft, so unberührt und wunderschön, dass man sich verwundert die Augen reibt, wie sie so in Vergessenheit geraten konnte.

Die besagten Faltengebirge werden mit der Fahrt auf der Sinnica immer höher und plötzlich werden aus den anfänglichen Hügeln stattliche Berge – die ersten Ausläufer des Apennins. Dieser Wechsel vom Hügel zum Berg erfolgt teils so abrupt, dass man sich wie vor einer Felswand wähnt, die plötzlich vor dem Betrachter in den Himmel ragt. Lässt man den Blick dann nach oben schweifen, so erkennt man zur eigenen Verwunderung auf der Felswand, direkt am Abgrund stehend, Häuser. So als hätte jemand die Buntwäsche auf einer Leine am Rand aufgespannt, stehen sie da, eines neben dem Anderen, alle getüncht in andere Farben. Am höchsten Punkt, dort macht die Wäscheleine einen kleinen Abstecher über einen Hügel, erkennt man den Turm einer Kirche, daneben die Reste einer Burg. Das ist Colobraro.

Colobraro liegt ca. 630 Meter über dem Meer, aber nur knappe dreißig Kilometer von ihm entfernt. Bis zur Provinzhauptstadt sind es hingegen stattliche hundert Kilometer und knapp eineinhalb Stunden Fahrt. Das nächste Krankenhaus findet man ebenfalls ca. vierzig Minuten entfernt. Man kann also getrost davon sprechen, dass die tausenddreihundert Colobraresen, also die Bewohner Colobraros, oft auf sich allein gestellt sind. Was zwar einerseits mitunter ernüchternd ist – z.B. bei Behördengängen für die immer ganze Tage eingeplant werden müssen –, aber andererseits eine ganz besondere Art der Fürsorge für einander und für das Land auf dem man lebt verursacht. Eintausenddreihundert; die Anzahl der Bewohner liest sich hingegen wie ein Mahnmal für die Landflucht der Vergangenheit angesichts der Größe der Ortschaft und ihrer Bebauung. Offiziell haben 1950 einmal dreitausend Menschen in Colobraro gewohnt, manche Bewohner sprechen sogar von fünftausend, denn zu der damaligen Zeit war bei weitem nicht jeder Bewohner meldeamtlich erfasst. Der alte Kern des Ortes zeugt von früherer lebhafter Bewohnung. Hier ist es eng bebaut, kleine Gassen und Treppenwege, die man durch Auffüllen der Stufen mit Beton zumindest für kleine FIATs befahrbar gemacht hat, führen labyrinthartig durchs Dorf. An unmöglichsten Stellen, teils tief vergraben in kleinen Häuserschluchten, zeugen Hausnummern an den Türen davon, dass sich dahinter vielleicht einmal das Heim einer Großfamilie befand. Man kann noch förmlich den Krach, den spielende Kinder, werkelnde Männer und kochende Mamas in diesen Schluchten verursacht haben müssen, hören. Heute sind hingegen die wenigsten Türen geöffnet und damit die wenigsten Häuser bewohnt.

Denn wer in Colobraro wohnt, der öffnet seine Tür. Auch das ist ein Teil der Lebenskultur der Menschen hier. So hat meine Großmutter an jedem Morgen, Sommer wie Winter, noch bevor sie etwas anderes tat, die Haustür geöffnet, um zu signalisieren, dass man sich auf Besuch und Gesellschaft freut. Leider befindet sich das Haus an der Hauptstraße und damit war erstens Lärm und zweitens Publikumsverkehr immer garantiert. Der war besonders dann willkommen, wenn ich morgens noch ungeduscht und eventuell leicht verkatert durch die ersten Besucher zum Bad flanieren musste, während diese schon freudig meine Großmutter über den neusten Klatsch unterrichteten.

Nun sind also mindestens zwei Drittel der Türen zu und wann immer ein weiterer Colobrarese stirbt, sprechen die Menschen von einer „altra porta ciusa" – einer weiteren geschlossenen Tür.

Eines muss man aber den verbliebenen Einwohnern zu Gute halten; sie sind keinesfalls betrübt. Colobraro als Dorf hat durchaus eine lebendige Infrastruktur mit mehreren Lebensmittelgeschäften, einer Bank, Frisören, Ärzten, Architekten, Bäckern, Metzgern, einer Apotheke und ein paar Bars. Auch das sucht man in Deutschland vergebens: Man gehe einmal ins Rhein-Main-Gebiet und suche ein Tausenddreihunderteinwohnerdorf in dem eine solche Vielzahl an Geschäften existiert, die vor allem davon leben, dass die dortigen Bewohner ihre Einkäufe auch vor Ort erledigen und nicht in die Supermärkte des Umlandes ausweichen.

Besonders im Sommer wird dem Ort noch mehr Leben eingehaucht, denn – wie uns in diesem Jahr – zieht es viele Emigranten und deren Kinder zurück zu ihren Wurzeln. Besonders im August, der Hauptferienzeit der Italiener, befinden sich oft doppelt so viele Menschen im Dorf als im Winter. Und auch sonst wird seit Neuestem einiges für die Belebung des Ortes unternommen. Seit mehreren Jahren wird alljährlich ein Festival mit Straßentheatern ausgerichtet das tausende Besucher anzieht. Es kokettiert im Wesentlichen mit dem Aberglauben der Italiener. So vermeiden es nämlich möglichst die Bewohner der umliegenden Orte das Wort „Colobraro" auszusprechen, da dies angeblich Unglück bringt. Grundlage für diese Theorie ist eine Begebenheit aus dem Anfang des zwanzigsten Jahrhunderts: Ein berühmter Anwalt aus Colobraro soll in einer Gerichtsverhandlung gesagt haben: „Und wenn ich lüge, soll dieser Kronleuchter herabstürzen". Dieser tat wie ihm befohlen, was zu einigen Verletzten im Zuschauerraum führte. So wurde der Anwalt zum Synonym für das personalisierte Unglück und mit ihm sein Heimatdorf. Jahrelang hatten die Colobraresen unter diese Geschichte und dem damit verbundenen Hohn zu leiden, machen ihn sich aber nun in erwähntem Festival zu Nutze und das mit landesweit anerkanntem Erfolg. Und sogar der Regionsvorentscheid der Wahl zur „Miss Italia", einer in Italien weitaus mehr beachteten Veranstaltung als ihr diskonebelbehaftetes Pendant in Deutschland, fand 2012 hier statt. Besonders in jenem Jahr war die Zahl der Heimatbesucher auffällig hoch...!

„Na, das hört sich doch vielversprechend an. Das wird sicher ein schöner Urlaub." Ich blicke in die, teils milde lächelnden, teils fragenden, Gesichter meiner Kollegen. Wir widmen uns wieder unserem Mittagessen.

Von Märkten und Toastern

Die Aufregung ist allenthalben spürbar. Zum ersten Mal werde ich ohne meine Eltern, dafür aber mit meiner eigenen Familie zurück nach Colobraro fahren. Ich selbst zweifle seit geraumer Zeit an diesem Plan und habe versucht, unbemerkt noch nach Mallorcaflügen zu googlen, allerdings ohne besonderen Erfolg. Was wird uns erwarten? Langeweile pur? Andauernde Besuche von aufgeregten Italienern? Ein ausgestorbenes Dorf? Irgendwie habe ich mir von meinem diesjährigen Jahresurlaub etwas anderes versprochen, aber nun gibt es kein Zurück mehr.

Das könnte ich auch meinem Vater nicht antun, der zwar einerseits leicht enttäuscht war, als ich ihm vorsichtig mitteilte, dass wir alleine fahren wollen, andererseits sich aber jetzt sichtbar freut, dass wir – und vor allem unser kleiner Sohn – nach Colobraro fahren würden. Diese Freude äußert er seit Tagen mit vielen Tipps und Tricks zum dortigen (Über)leben. Die beste Wurst gäbe es in dieser Metzgerei, das beste Brot in jener Bäckerei, „vergesst mir nicht den Elektriker auf der Straße zu grüßen, man weiß nie ob man ihn braucht"; so seine Tipps. Besonders erfreut war ich auch über seinen spätabendlichen Anruf – ich war schon lange auf der Couch eingenickt – in dem er mir in liebevollsten Details erklärte, wo sich der Toaster im Haus befindet und wie dieser funktioniert. Auch mein Einwand, dass wir gar keinen Toast essen, lies ihn nicht von seinen Erklärungen abbringen.

Meine Mutter hingegen hat schon eine schriftliche Übersicht erstellt, wann und wo der nächste Markt zu finden wäre. Märkte haben in Italien eine lange Tradition und gehören fest ins Stadtbild. Der komplette Wocheneinkauf wird oft dort erledigt, was auch mit der Abgeschiedenheit der Dörfer zusammen hängt. Denn wo man selbst nicht zur Ware kommt, kommt die Ware eben zu ihren Abnehmern. Von der Küchenausstattung, über Bettwäsche und Gartenwerkzeugen bis hin zu lebenden Eseln; das lebhafte Gewusel der italienischen Märkte bietet all das. Diesem Flair ist meine Mutter, obwohl ansonsten entsprechend ihrer Staatsbürgerschaft sehr deutsch, schon lange verfallen und möchte diese Leidenschaft nun an uns und im Besonderen an ihre Schwiegertochter weitergeben.

Meine Frau wiederrum sorgt sich über die Verpflegung am Abend. Weder sie, noch ich, sind große Freunde des Selbstversorgerurlaubes, sondern wir bevorzugen es eher, uns – zumindest einmal am Tag – bekochen zu lassen. Die einzige Pizzeria Colobraros würde jedoch erst zur Hochsaison öffnen und auch das Umland bietet nicht sonderlich viele Lokalitäten. Wenn diese überhaupt zur Vorsaison geöffnet haben sollten, dann wäre das mit einer langen Anreise verbunden. Zumindest im Nachbarort soll eine ganz passable Pizzeria existieren. Wir einigen uns also auf allabendliche Besuche eben dieser.

Lediglich unser Kleiner nimmt die Urlaubsvorbereitung mit stoischer Gelassenheit. Die Aussicht auf Meer sowie die Vorfreude auf seinen ersten Flug sind ihm deutlich anzumerken.

Was Colobraro sonst noch für seinen neuesten Sprössling vorhalten sollte, ahnen weder er noch wir.

Ab in den Süden

*I*taliener sind ein ungeduldiges Volk. Sei es an der Kassenschlange, an der Ampel, der Autobahn oder wo auch immer sich eine Gelegenheit zum Vordrängeln bietet, sie wird genutzt. Oder zumindest über die Notwendigkeit des Wartens diskutiert. Dazu kommt noch ein permanentes Misstrauen, man könnte irgendwo vergessen oder benachteiligt werden. Ich selbst erkenne von Zeit zu Zeit immer mal wieder diese Charaktereigenschaften auch bei mir, aber in den letzten Jahren hat Sabrina diese Unarten mit merklichem Erfolg fast aus mir ausgetrieben. Nun biegen wir also gerade von der Sicherheitskontrolle eines badischen Provinzflughafens um die Ecke zum Gate und wähnen uns prompt in einer Szenerie wie im tiefsten Italien.

Es sind noch fünfzig Minuten bis zum Abflug, doch alle italienischen Staatsbürger an Board unsers Fluges stehen schon in einer langen Warteschlange, um so für rechtzeitigen Einlass zu sorgen. Man könnte vermuten, die Stewardess sagt irgendwann „So, der Flug ist jetzt halb voll, sie haben zwar alle ein Ticket, aber ich lasse sie trotzdem nicht mehr rein". Diese Angst ist zumindest den verbissenen Blicken der Wartenden zu entnehmen. Die wenigen Deutschen sitzen derweil auf den, dementsprechend ausreichend vorhandenen, Wartebänken. Während das Gedrängel bereits im vollen Gange ist – es sei hier bemerkt, dass das Gate noch nicht einmal mit Bodenpersonal besetzt ist – steigt in mir schon die Sorge über die Diskussion um unseren Einstieg. In weiser Voraussicht hatte ich nämlich für unsere kleine Reisegruppe beim irischen Fluganbieter alles gebucht, was man zubuchen kann: Babygepäck, Kindersitz, feste Sitzplätze und eben der „Priority Check-In" sind auf unserem Boarding Pass notiert. Eine eigene Schlange soll uns also den Weg in den Flieger weisen.

Doch, als das Bodenpersonal eintrifft und das Boarding mit der Durchsage gestartet wird, dass nun zunächst alle Priortity-Gäste zusteigen mögen, scheint das Rennen eröffnet. Die komplette Menschentraube derer die bereits stehen, ergänzt um die – nun von der Hektik angesteckten – bisherigen Sitzenden, strömt auf das Gate zu. Und auch mich packt – trotz manchem beruhigenden Hinweis meiner Frau – wieder die italienische Unruhe, angesichts der sich abspielenden Szenen. Verzweifelte Hinweise des Bodenpersonals, dass wirklich nur die Priotity-Gäste Zugang haben, gehen im allgemeinen Tohuwabohu unter. Menschen, die sich eben noch lauthals auf Deutsch unterhielten, geben nun mit Händen und Füßen an, der Sprache nicht mächtig zu sein und daher die Durchsage nicht verstanden zu haben. Und jetzt, wo man schon vorne wäre, könnte man doch auch zusteigen. Andere machen sich gar nicht die Mühe einer Diskussion und drängeln immer wieder Richtung Gate und halten einfach den Boarding Pass zum Bodenpersonal, das so langsam auf die Kapitulation zusteuert. Wir befinden uns übrigens immer noch mit Nichten kurz vor der Startphase der Boeing, sondern bis zum offiziellen Abheben sind es noch ausreichende dreißig Minuten. Wir haben uns mittlerweile, berechtigterweise, an der Schlange vorbei nach vorne gekämpft und werden dabei mit allerlei Kommentaren begleitet, kommen aber wohlbehalten an. Die Bedienstete am Schalter checkt unser Ticket und ihr Blick zeigt die Freude eines Menschen dessen Anliegen Gehör verschafft wurde. Kurz nach uns hat sie allerdings genug von dem Aufruhr und jeder darf zusteigen. Dabei zuckt sie so heftig mit den Schultern als wolle sie sagen, „Lass sie doch machen! Der nächste Flug an diesem Gate geht nach London, da herrscht Friede am Einstieg".

Nun, endlich an Board, reduziert sich der Trubel etwas. Die freundliche Stewardess fliegt die Route wohl nicht zum ersten Mal und ist offensichtlich schon an ihr Klientel gewöhnt. Sie nimmt jedenfalls kleine wie große Kapriolen gelassen. Es benötigt auch nur einen einzigen Hinweis, dass sich zum Start eines Flugzeuges wirklich alle setzen müssten und schon bewegen wir uns in Richtung Süden, aber zumindest in Richtung Rollbahn. Noch vor Jahren, auf unserem letzten Flug nach Neapel, musste der Kapitän das Cockpit verlassen und persönlich dafür sorgen, dass sich die Gäste setzen, da er bei weiterer Startverzögerung keine Landeerlaubnis in Neapel mehr bekommen würde.

Der Start an sich verläuft recht unspektakulär, sieht man von dem etwas ungewöhnlichen Ritual ab, schon das erfolgreiche Erreichen der Reiseflughöhe mit lautem Klatschen zu honorieren. Auch der Flug verläuft vollkommen problemlos und unser Kleiner hat sichtlich Spaß beim Betrachten der Welt von oben. Wie zu erwarten war, wird auch die Landung mit großem Applaus gewürdigt und das Erlöschen des Anschnallzeichens selbstverständlich nicht abgewartet. Dafür begrüßt uns Italien mit strahlendem Sonnenschein. Wie bei Billigfliegern üblich, verlässt man das Rollfeld zu Fuß und hat dabei dieses wunderschöne „Rom, die Frisur sitzt"-Gefühl (die Älteren werden sich erinnern). Jetzt müssten wir nur noch unser zahlreiches Gepäck wieder bekommen und schon wären wir wirklich angekommen.

Nun, es bleibt wohl für immer ein Geheimnis des „Aeroporto Karol Wojtyla" – der Flughafen in Bari ist putziger Weise nach dem früheren Papst benannt –, warum für eine Strecke von fünfzig Metern zwischen Flugzeug und Gepäckband fünfundvierzig Minuten für den Gepäcktransport benötigt werden. Aber zumindest all unsere Koffer haben irgendwann italienischen Boden erreicht. Es fehlt jedoch das Sperrgepäck. Auch bei allen anderen Sperrgepäckbuchern macht sich langsam Unruhe breit. Bis schließlich ein italienischer Zöllner erscheint. Schon leicht erbost fragt er in die Menge, warum denn keiner sein Gepäck abholen würde, man müsste es sonst räumen lassen. Und tatsächlich, am anderen Ende der Halle, vollkommen herrenlos, liegen unser Babybuggy, der Kindersitz und sogar eine eigens importierte Strandmuschel und warten auf ihre Einreise.

Lichterkette in der Nacht

„„Schau mal, wie friedlich es da liegt" sage ich. Wir sind mittlerweile auf der Sinnica angekommen und Colobraro ist in Sichtweite. Aus der Wäscheleine am Felsrand hat die Nacht eine Lichterkette gemacht, die nun ruhig in luftiger Höhe zu schweben scheint. Obwohl es mittlerweile fast Mitternacht ist – die Anreise von Bari hatte doch länger gedauert als erwartet – weht ein warmer Luftzug durch das geöffnete Fenster unseres Mietwagens. Unser Kleiner schläft schon lange in seinem Kindersitz seinen wohlverdienten Schlaf, als wir auf die letzten fünf Kilometer Landstraße abbiegen. Ich lege meine Hand in die meiner Frau. Wir sind da.

Ungewöhnliche Bekanntschaft

*M*ir ist übel, ich schwitze und meine Nervosität ist mir sichtlich anzusehen. Die Nacht war nicht sonderlich lang, denn geschlafen habe ich kaum. Nun sind wir also da. Ich werde mit allem was auf uns zukommt alleine zu Recht kommen müssen. An dieser Stelle sei erwähnt; mein Italienisch ist nicht gerade das Beste, also genauer gesagt würde man damit momentan nicht mal den kleinsten Blumentopf auf der Kirmes gewinnen. Ich verstehe zwar fast alles, aber in Ermangelung dauernder Übung fallen mir die wenigsten Vokabeln adhoc ein. Mein Vater hatte es leider verpasst zu Kindeszeiten mit mir permanent Italienisch zu sprechen und damit bin ich das lebende Beispiel, warum die Muttersprache „Mutter"sprache heißt. Die Sprache meiner Mutter, welche die meiste Zeit mit mir verbrachte, während mein Vater auf der Arbeit war, kann ich jedenfalls ganz passabel sprechen. Nach drei bis vier Tagen Akklimatisierung würde es auch mit dem Italienischen wieder klappen, sage ich zu mir. Nur, werde ich so viel Zeit überhaupt haben? Außerdem stehe ich seit Jahren mal wieder im Haus meiner verstorbenen Großmutter, die ich gedanklich gerade in ihrer immer schwarzen Kittelschürze durch den Flur schlurfen sehe. Seit dem Tod meines Großvaters trug sie nie wieder etwas Farbiges. Die Erinnerung daran macht mich etwas sentimental. Und wie würden all die Leute auf uns reagieren?

Dass ich so lange nicht mehr da war könnte auch von Manchem beleidigend aufgefasst werden.

Auch Sabrina ist mein Unwohlsein nicht entgangen, doch langsam ruft das Frühstück. Ich erkläre ihr meine Gemütslage und wir einigen uns darauf, mit zur Straße hin verschlossenem Rollladen zu frühstücken um zumindest den ersten Ansturm zu vermeiden und uns noch ein paar Minuten Ruhe zu gönnen. Eine etwas skurrile, aber für mich in dem Moment sehr angenehme Situation. Doch es würde auf jeden Fall in Bälde ein Einkauf anstehen, denn in einem unbewohnten Haus ist der Kühlschrank entsprechend leer und das importierte Müsli reduziert sich gerade zusehends. Mit der Aussicht darauf wird mein Klos im Hals noch ein wenig dicker.

Klack klack, Klack klack, Klack klack. Das alte Schloss der Haustür macht drei kräftige Entsperrgeräusche, ich drücke leicht und schon ist sie offen und damit das Zeichen weithin sichtbar: es ist jemand zuhause. Vorsichtig strecke ich den Kopf heraus auf die Hauptstraße, schaue nach links, schaue nach rechts und entdecke: nichts. Kein Mensch auf der Straße, kein Auto weit und breit. Ich trete heraus und auch bei weiterem Umsehen ist keine Menschenseele zu erkennen. Mein Glück ist mir also hold und ich habe noch ein paar Minuten mehr zur Eingewöhnung. Bei unserem letzten Besuch – wir waren damals einige Tage vor meinen Eltern angereist – ist an dieser Stelle eine mir gänzlich unbekannte Frau auf uns zugestürmt und hatte uns überschwänglichst mit tausenden Küssen begrüßt. Dabei fiel die Tür hinter uns zu und ich musste mit Händen und Füßen diejenige Nachbarin ausfindig machen, die den Ersatzschlüssel hütete. Somit war das komplette Dorf informiert, dass wir da waren. Heute habe ich sicherheitshalber den Schlüssel sicher in meiner Hosentasche verstaut und keine Unbekannte kreuzt den Weg.

„Nimm doch den Kleinen mit, ich mache derweil das Haus sauber". Sabrina nimmt bereits jetzt die Rolle der italienischen Hausfrau an und ich soll mich also mit Matteo bis zum nächsten Lebensmittelgeschäft auf der Piazza durchschlagen. Im Nachhinein glaube ich sogar diese „Schocktherapie" war Absicht und sicherlich gut gemeint.

Betritt man einen italienischen „Alimentari" – also ein Lebensmittelgeschäft – dann fällt einem sofort dieser wunderbare Geruch auf. Eine Mischung aus Waschmittel, Wursttheke und Süßigkeiten. Auch wenn sich dieses Gemisch zunächst unappetitlich anhört, wer immer schon mal in den Genuss davon kam, wird den wunderbaren Duft bestätigen. Ich behaupte sogar, sollte es jemals einen Wunderbaum „Alimentari" geben, es wäre ein Verkaufsschlager! Alimentaris sind toll. Hier gibt es von der frisch geschnittenen Mortadella, über Kekse aller Art, selbstverständlich tausenden Sorten von Pasta, auch sonst alles was das Herz begehrt. Die meisten halten sich sogar eine kleine Parfümabteilung in Form eines Glasschränkchens. Der Besitzer hat immer einen blütenweißen Kittel, wie ihn sonst nur Ärzte tragen, an und bedient jeden Kunden persönlich. Wer schon mal in einem Alimentari Wurst von der Theke gekauft hat und zuhause dann das Paket öffnet, möchte jede deutsche Fleischereifachverkäuferin zum Praktikum nach Italien schicken, so liebevoll und ordentlich liegen die Salamischeiben neben einander. Und zu jedem Alimentari gehört ein schwerer Fliegenvorhang – meist aus faustdickem Plüsch – am Eingang.

Vor jenem Fliegenvorhang stehen wir nun. Bis hier her war uns immer noch niemand begegnet, was meine Sorge auf ein ausgestorbenes Dorf weiter schürte. Aber aus dem Alimentari dringen laute Stimmen. Wie man sich vorstellen kann, dienen diese Läden auch zum Austausch aller möglichen Neuigkeiten, und dieser war wohl gerade voll im Gange. Ich hole also tief Luft und schiebe den Fliegenvorhang zur Seite. Wir treten leicht ein und es entsteht eine Szenerie wie in einem Western: Der Gringo betritt den Saloon und der Mann am Klavier hört auf zu spielen. Auf einmal sind mehrere Augenpaare auf uns gerichtet und es herrscht schlagartig fragende Stille im Raum. Ich stehe mit Matteo an der Hand da und denke „Na toll, was nun?". Auch er scheint fragend zu seinem Papa aufzuschauen. Angriff war schon immer die beste Verteidigung und so gehe ich in die Offensive. Das Beste wäre, ich identifiziere mich als einer von ihnen (oder zumindest die Hälfte davon): „Ciao, sono Rocco" sage ich, und denke dabei „Ich bin Rocco! Mensch, ihr kennt mich seit ich ein halbes Jahr alt bin, jetzt stellt euch mal nicht so an". Die Blicke werden noch fragender. Ich gehe einen Schritt weiter und sage, „il figlio di.." also „der Sohn von" und nenne den Namen meines Vaters. Auch das sorgt nicht für weniger Stirnrunzeln. Es fällt mir noch ein letztes Ass ein. Mein Vater trägt in Colobraro einen fast unaussprechlichen Spitznamen, dessen Bedeutung er mir auch nie wirklich erklärt hatte. „Il figlio di..." und nenne diesen Spitznamen. Die Augen weiten sich und die Stimmung schwenkt sofort in eine große Willkommesparty. Die Leute werfen vor Freude die Hände in die Luft. Ich werde gedrückt. Meine Wangen und die unseres Sohnes erhalten kräftige Kniffe (Der Kniff in die Wange mit gekrümmtem Zeigefinger und Daumen, verbunden mit einem leichten Ziehen, ist eine in Italien weit verbreitete Begrüßung von Kindern. Schon seit Wochen hatte ich Matteo immer mal wieder gekniffen um ihn erstens darauf vor zu bereiten und zweitens, seine Wängchen schön elastisch zu machen). Ich muss Hände schütteln und erhalte Küsse von älteren Damen, die dabei meinen Kopf zu sich herunter ziehen. Während all dieser Prozedur ist mir anfangs gar nicht aufgefallen, dass mein Sohn nicht mehr an meiner Hand ist. Er wurde von der Tochter des Besitzers zwischen die Regale entführt. Während ich mittlerweile belagert werde und Auskunft über den Grund unseres Aufenthaltes und das Befinden meiner Eltern gebe, versuche ich vergeblich einen Blick von ihm zu erhaschen. Erst nach einigen Minuten kommt er fröhlichst lächelnd mit schokoladenverschmiertem Gesicht zwischen den Waren hervor. Zur Begrüßung hatte die Besitzerstochter *Kinderriegel* spendiert. Ich schaue auf die Uhr: Es ist gerade mal halb neun. „Ach, was solls..." denke ich und fühle mich nun wirklich angekommen.

Die lieben Nachbarn

*D*ie eben genannte Zeremonie sollte sich in den zwei Wochen unseres Aufenthaltes noch mehrmals wiederholen, jedoch immer mit wechselnden Geschenken für unseren Sohn: Mal ein Brötchen beim Bäcker, mal ein Keks hier oder eine Aprikose dort. Auch die Identifikation wechselt manchmal: Mal läuft sie wie im Alimentari, mal nenne ich zwar meinen Namen, verlasse jedoch ohne genauere Erklärung den Laden, um nach ein paar Metern, wie durch Zufall, auf der Straße von einem scheinbar Unbeteiligten angesprochen zu werden. Hat der Interviewer dann erfahren wer wir sind, geht er / sie meist raschen Schrittes zurück in den Laden aus dem wir gerade kamen. Danach hört man von dort lautes Reden. Betreten wir dann am nächsten Tag wieder den Laden, werden wir begrüßt wie alte Stammkunden.

Und auch auf den Straßen wird uns nun eine vollwertige italienische Begrüßung zuteil. Hat man mit uns bereits Bekanntschaft geschlossen, so werden wir fortan lässig im Vorbeifahren angehupt. Dabei wird eine Hand gehoben, der Blick aber immer locker hinter der obligatorischen Sonnenbrille versteckt. Wie bei alten Bekannten eben üblich.

Besonders entzückt ist unsere direkte Nachbarschaft von unserem Besuch. Wie schon eingangs erwähnt, sind Balkone in Italien eher Kommunikationsmittel, als Entspannungsort. Auch wir sind bald Freunde des Balkonplausches, denn einer unseren beiden Balkone grenzt direkt an den eines herzlichen Lehrerehepaars. Die lassen es sich nicht nehmen, uns häufig mit kleinen Leckereien zu verwöhnen. Besonders die Lehrerin hat an Matteo einen Narren gefressen und so wechseln regelmäßig Briosce – kleine italienische Weichküchelchen –, Dolci – vergleichbar mit übergroßen und sehr leckeren Pralinen – und sogar herrlich dekorierte Eisbecher die Balkone. Oft sind diese Leckereien zwar nicht mit den Schlafenszeiten eines zweieinhalbjährigen vereinbar, jedoch versuchen wir das leider erfolglos anzubringen. Weder gegen die italienische Kinderfreundlichkeit, noch gegen den Hundeblick unseres Sohnes haben wir damit eine Chance. Wohl aber bemängelt auch die Lehrerin die erschreckend zunehmende Zahl der fettleibigen Kinder in ihren Klassen, reicht aber trotzdem immer gern einen Nachschlag.

Junge Familien sind in Colobraro rar. Dementsprechend haben im letzten Jahr lediglich drei kleine Colobraresen das Licht der Welt erblickt. Zumindest eine junge Nachbarsfamilie scheint es sich auf die Fahne geschrieben zu haben, diesem Trend mit aller Macht entgegenzuwirken. Ihr erster Sprössling, Vito, ist annähernd so alt wie Matteo. Seine kleine Schwester zählt erst sechzehn Lebensmonate und im Bauch ihrer ebenfalls erst zwanzigjährigen Mutter wartet schon der nächste kleine Italiener auf seine Niederkunft. Die – noch – vierköpfige Familie, wohnt in einem liebevoll umgebauten Eselsstall. Ohne jegliche Ironie muss man hier die Kreativität und das handwerkliche

Geschick der Colobraresen loben, wenn es um die Gewinnung von neuem Wohnraum geht. Noch bei meinem letzten Besuch hatte ich größte Bedenken mein Auto neben dem, damals unbewohnten, Eselsstall abzustellen. Dieser sah nämlich so einsturzgefährdet aus; jeder darin lebende Esel wäre sofort von Greenpeace evakuiert worden. Heute erstrahlt er in kräftigem Purpur und bietet allen Komfort den man sich von einem Eigenheim erwartet. Inklusive einer PKW-Schnauze in der Küche. Ja, richtig gelesen. Wie gesagt, die Wohnraumgewinnung ist eine große Stärke die Colobraresen. Beim Umbau des Stalls ist ein großer Teil einer früheren Garage, der Küche zum Opfer gefallen und die Garage wurde entsprechend verkürzt. Dies war auch mit dem damaligen Familiengefährt, einem italienische Kleinwagen, durchaus vereinbar. Nun, mit absehbar steigender Anzahl der Familienmitglieder, musste auch ein größeres Auto angeschafft werden. Und als dieses nicht mehr in die Garage passte, wurde einfach der untere Teil der Wand zur Küche hin entfernt, so dass nun die Motorhaube in eben jene ragt, aber das Auto auch in die Garage passt. Eine mehr als italienische Lösung, die aber sicherlich bald mit einigem Fleiß wieder korrigiert werden wird.

Vor allem der kleine Vito wurde uns bereits vorab von meinen Eltern als sehr munterer Geselle und potentieller Spielgefährte für Matteo angepriesen. Und auch er scheint unsere Ankunft sehnlichst erwartet zu haben. Wie gesagt, mangelt es ihm zurzeit an adäquaten Spielgefährten. Daher verwundert auch kaum seine Begrüßung gegenüber unserem Sohn. So ungefähr muss Robinson Crusoe auf die Ankunft seiner englischen Retter reagiert haben. Als Vito den Kleinen sieht, reißt er seine Augen auf und stürmt voller Begeisterung und mit wild fuchtelnden Armen auf ihn zu. Unser Kind indes, ist mehr als verwirrt von der eigentlich lieb gemeinten Sympathiebekundung und ergreift seinerseits die Flucht. Immer noch wild fuchtelnd, verfolgt ihn Vito und gibt dabei allerlei Begeisterungslaute auf Italienisch von sich. Da sich das Ganze an einer abschüssigen Pflastersteinstraße abspielt, sind auch mittlerweile alle Erziehungsberechtigten in Bewegung geraten und verfolgen ihrerseits wild fuchtelnd die beiden. Ein herrliches Schauspiel für jeden Außenstehenden. Matteo ist nun so verwundert, dass er einfach wie festgefroren stehen bleibt, was Vito dazu nutzt, ihn herzlichst zu umarmen und abzuknutschen. Dabei nimmt er den Kopf unseres Kleinen fest in seine Hände und schickt einen Kuss nach dem anderen herüber, was keineswegs zu weniger Unwohlsein bei Matteo führt. Vitos italienisches Temperament sollte Matteo noch den ganzen Urlaub über ungeheuer bleiben.

Und dann ist da noch Sie. Zu dieser Nachbarin verbindet mich seit meiner frühester Kindheit eine ganz eigene Beziehung, denn schon damals waren ihre Besuche beliebt und gefürchtet zugleich: Gumba Carmela. Und nun bedarf es zunächst eines kleinen Exkurses in die colobraresische Namensgebung: Gumba Carmela heißt im echten Leben mit Vornamen lediglich Carmela. Der Zusatz „Gumba" ist das dialektische Wort für „Pate", wie man es in anderen italienischen Regionen unter „Don" kennt. Hier in Colobraro hat dies jedoch keinesfalls einen mafiösen Einschlag, wie sich vermuten ließe, sondern bezeichnet den Fakt das man Tauf- oder Firmpate eines Kindes ist. Oder zumindest sein könnte. Eigentlich reicht nämlich schon das bloße Erreichen des Erwachsenenalters aus, um landläufig als „Gumba" bezeichnet zu werden. Was auch mir zu meiner Verwunderung wiederfuhr, als ich gerade erfolgreich das achtzehnte Lebensjahr passiert hatte ohne jedoch zuvor irgendjemanden über ein Taufbecken gehoben zu haben. Fortan bin ich Gumba Rocco. Auch besteht keinerlei Geschlechterunterschied: Männlein wie Weiblein sind einfach nur „Gumba". Besonders verwunderlich klingt der Zusatz in Kombination mit deutschen Namen, denn auch nach der originären Herkunft wird nicht unterschieden. So könnte auch eine „Gumba Waltraud" oder ein „Gumba Herbert" durchaus existieren, vorausgesetzt die beiden hätten – etwa durch Heirat – einen Bezug zu Colobraro. Wahrscheinlich ist der Ausdruck, von dem auch niemand mehr weiß woher er sich eigentlich ableitet, einfach nur eine Art Zugehörigkeitsinformation. Ist man ein gestandener Colobrarese, ist mein ein „Gumba".

Nun aber zurück zu Gumba Carmela. Man kann sie getrost als besondere Nachbarin bezeichnen, denn Gumba Carmela war schon immer da. Wann immer wir Colobraro besuchten, wir konnten sicher sein: Der erste Besuch würde von ihr abgehalten werden. Und diese Besuche hatten es für mich als Kind meist in sich. Denn als schöne Tradition hatte sie es sich über die Jahre angeeignet, mir zur Begrüßung in den Schritt zu kneifen. Ohne das falsch zu verstehen...sie meinte das liebevoll und ohne jeglichen sexistischen Hintergedanken. Es war einfach freundlich und vor allem lustig gemeint und sollte abfragen, ob ich denn schon ein „Mann" geworden wäre. Diese Freude teilte ich aber verständlicher Weise nicht immer mit ihr und überlegte mir schon auf der Anreise Fluchtstrategien, die sie aber meist zu überlisten wusste. So jagten wir oft direkt nach meiner Ankunft durch den Flur unseres Hauses. Und das trotz ihres Alters. Gumba Carmela ist nämlich einer dieser Menschen, die schon seit gefühlten zwanzig Jahren uralt sind. So erschrecke ich mich sehr, als sie mir dieses Mal bei einem ihrer obligatorischen Besuche stolz mitteilt, dass sie in diesem Jahr achtzig Jahre alt werden wird. Dieses Alter hätte ich ihr schon sicher schon seit fünf Jahren zugeschrieben und war froh, dass sie meine vorherige Schätzung wohl nicht richtig verstanden hatte. Sonst hätte ich wohl erneut auf die Flucht vor ihr gehen müssen. Trotz ihrer ansonsten liebevollen Art: als Kind hatte sie für mich immer auch etwas Furchteinflößendes. Das lag zum Einen an ihrer Größe, denn Gumba Carmela ist groß. Für süditalienische Verhältnisse gar riesig. Sie muss wohl einst fast 1,80 groß gewesen sein und ist mittlerweile altersbedingt geschrumpft. In einem Ort, in dem sogar meine Frau mit ihrer mitteleuropäischen Durchschnittsgröße immer noch für Staunen auf der Straße sorgt, war sie sicherlich eine Erscheinung. Zum Anderen an ihrer Stimme. Man stelle sich das Kreischen einer

Flex beim Eintauchen in harten Beton vor, nur dass die Flex dabei italienisch spricht. Ihre leichte Schwerhörigkeit, die sie aber keinesfalls zugeben würde, verleiht dabei ihrer Aussprache noch eine gewisse Lautstärke, die nun wirklich mit jeder Flex konkurrieren kann.

Doch trotz dieses Auftretens, das noch um ihr krauses, rot-graues Haar ergänzt wird, ist sie sicher die „Gute Seele" des Viertels in dem wir wohnen, hat für jeden immer ein offenes Ohr und ist keinem Schwätzchen abgeneigt. Oft treibt sie ihren Schabernack mit Matteo, behält ihre Hände nun aber, vielleicht aus Altersmilde, oberhalb der Gürtellinie. Und auch ihre Kochkünste sollten uns auch in diesem Aufenthalt des Öfteren entzücken.

Mezzogiorno, aber richtig

Colobraro hat zwar auch seine Reize, den Urlaub wollten wir aber hauptsächlich am Meer genießen. Das Ionische Meer ist mit Sicherheit einer der weißesten Flecken des Mittelmeers, was den Tourismus angeht. Zwar sind einige Strandbäder, sogenannte Lidis, vorhanden, aber selbst Mitte Juni herrscht hier keinerlei Aufgeregtheit. Hier und da werden erste Vorkehrungen für die Hochsaison getroffen, aber alles in allem haben wir die Strände für uns allein. Trotzdem werden wir überall mit offenen Armen empfangen. An einem Lido werden wir sogar eingeladen die Liegen umsonst zu benutzen, denn sie stünden ja sowieso schon da, aber die Kasse fehle noch. Andernorts hat der Bademeister selbst dann noch immer einen Spaß für unseren Sohn auf Lager, wenn wir bereits seit Stunden die letzten Gäste sind. Das Kinder kleine Könige sind, merken wir auch hier schnell, denn es wird an unserem Stamm-Lido bald zur schönen Tradition, dass unser Kleiner als erstes eine Espressotasse Milch ausgegeben bekommt, die ihm natürlich als „Kinder-Espresso" exklusiv serviert wird. Und selbst beim abendlichen Restaurantbesuch im Nachbarort darf er sich selbst in der Küche eine kleine „Kinder-Pizza" machen und ist selbstverständlich herrlich entzückt darüber. Ansonsten verbringen wir die Zeit mit strandtypischen Aktivitäten, wie Lesen, Baden, Sandburgbauen und Schlürfen von wahlweise Kinder-Espressi oder Aperol-Mischgetränken.

Die Tage am Meer sind also mit Sicherheit das, was man getrost als ‚Entspannung pur‘ bezeichnen kann. So erwischen wir uns jedoch dabei, wie uns eine gewisse Sehnsucht nach Abwechslung oder gar Abenteuer überkommt. Und was ist das größte Abenteuer, dass man in einer – wenn auch kleinen – Touristenregion mit einem Kleinkind machen kann? Ein Aquapark! Ganz in der Nähe, genauer gesagt noch etwa fünfzig Kilometer entfernt – ja, das ist für die Basilikata durchaus „in der Nähe" – , hatten wir bei der Anreise direkt neben der Schnellstraße Rutschen entdeckt, die auf einen Tag in gechlortem Wasser hinweisen könnten. Und tatsächlich, der Aquapark im nahen Metaponto bietet alles, was das Herz begehrt: mehrere Rutschen – teils mit halsbrecherischen Gefällen–, musikalische Untermalung durch eine DJane, ein Kinderparadies und etliche Restaurants warteten auf unseren Besuch.

Der Aquapark selbst ist zwar direkt neben der Schnellstraße gelegen, das soll jedoch keinesfalls eine einfache Anreise vermuten lassen. Teils möchte man sich fragen, ob in der Basilikata das Wort „Verkehrskonzept" existiert. Denn eine Beschilderung zu dem Park oder gar einen eigene Ausfahrt gibt es nicht. Nach mehrmaligem Wenden – auf der Schnellstraße wohl gemerkt – entdecken wir einen parallel verlaufenden Feldweg, der zum Aquapark führen muss. An der nächsten Ausfahrt angekommen, verlassen wir die Straße und folgen diesem Feldweg, der immer enger wird und dessen Seiten mehr als bedrohlich am Rand in die Felder absinken. Ich habe meine liebe Mühe diesen Weg mit unserem Kleinwagen zu passieren, doch an dessen Ende landen wir tatsächlich auf dem Parkplatz des Aquaparks – umgeben von Reisebussen deren Anreise uns bis heute unerklärlich bleibt. Ganz in der Nähe gibt es übrigens ein relativ neues Einkaufszentrum, das vom selben Stadtplaner entwickelt worden sein muss. Auch hier erfolgt die Anreise durch das Niemandsland über diverse Feldwege, an deren Ende man auf einen Parkplatz mit über tausend Stellplätzen gerät.

Im Park angekommen erwartet uns der nächste Schock: überall Menschen mit BADEKAPPEN. Im Jahr 2015, bei mehr als sommerlichen Temperaturen in gechlortem Wasser. In einem Land in dem überall „Bella Figura" gemacht wird, endet diese ausgerechnet am Eingang zu einem Schwimmbad? In Ermangelung eigener Badekappen wird mir jedoch recht schnell der eigentliche Zweck dieser klar. Die obligatorische Badekappe kann nicht etwa geliehen werden, sondern muss zu einem stattlichen Betrag erstanden werden. Nun gut, frisch bekappt machen wir uns also auf ins erhoffte Abenteuer und ich erklimme die erste Rutsche während Sabrina und Matteo meine Ankunft im Tal erwarten. Oben erschöpft angekommen, genieße ich zuerst die Aussicht um dann zu bemerken: Ich bin der einzige ohne Schwimmring! Mir schwant Böses. Die Rutsche wird von einem grimmig dreinblickenden Bademeister bewacht, der mir schnell klar macht: ohne Ring, keine Rutsche. Die Leihgebühr für einen Ring in einem Rutschenpark, der nur aus selbigen besteht, erschließt sich mir nicht ganz und wir beschließen den Rest des Tages im Kinderbecken zu verbringen.

Das Kinderbecken erfreut sich großer Beliebtheit. Besonders bemerken wir die vielen Kindergruppen kirchlicher Organisationen, die dort fröhlich planschen. In Ermangelung anderer Aktivitätsmöglichkeiten ist die katholische Kirche oft der einzige Anlaufpunkt für Kinder und Jugendliche in Süditalien und ermöglicht viele Ausflüge, die für die Eltern teils unerschwinglich wären. Auch dadurch hat die Kirche hier noch einen viel höheren Stellenwert als in anderen Regionen Europas. Und so verwundert es uns auch kaum, dass uns mitten im Kinderbecken eine vergnügte Nonne in vollem Gewand – sie scheint jedoch von der Badekappenpflicht befreit zu sein – fröhlich begrüßt. Das Kinderbecken ansonsten erfüllt voll seinen Zweck und zumindest ein Drittel unserer Reisegruppe kommt voll auf seine Kosten. In der Mitte lockt es mit verschiedenen kleinen – schwimmringfreien – Rutschen, die alle von einem Boot abgehen und natürlich auch von einer Bademeisterin bewacht werden. Matteo hat seine helle Freude und flitzt von einem Ende des Beckens an das Andere und traut sich auch ab und an zu rutschen.

Doch plötzlich hat auch dieser Spaß ein jähes Ende. Denn nun werden wir Zeuge des Ursprungs des Namens „Mezzogiorno". Mezzogiorno ist schlicht der zusammengesetzte Begriff aus mezzo (Mitte) und giorno (Tag), also das italienische Wort für „Mittag". Die Verwendung als geographische

Bezeichnung soll verdeutlichen, dass in diesen Gefilden der Tag vor allem aus ‚Mittag' besteht und es damit sehr lange, sehr heiß ist. Und zwar so heiß, dass es fast unmöglich ist zu arbeiten. Daher schreitet um Punkt dreizehn Uhr ganz Süditalien zur Mittagspause: Behörden, Banken, Tankstellen, viele Geschäfte und auch ...Aquaparks. Augenblicklich wird das Wasser auf allen Rutschen abgedreht, alle Bademeister verlassen ihre Plätze und die Gäste werden gebeten das Schwimmen einzustellen. Ich frage eine Gruppe von Bademeistern, wie lange dieser Zustand anhalten würde und hoffe dabei auf eine halbe Stunde. Aber weit gefehlt; erst um fünfzehn Uhr sollte das Vergnügen weiter gehen. Außer uns scheint dies aber keinen der anwesenden Italiener zu stören. Diese legen sich einfach mehrheitlich zum Mittagsschläfchen auf ihre Liegen oder gehen zum Essen.

Wir haben zwar im Allgemeinen großen Respekt vor den Arbeitsschutzgesetzen, aber das erschließt sich uns kaum: am wohl erfrischensten Ort des Landes, der von hunderten Menschen zur Abkühlung aufgesucht wird, wird just in der größten Mittagshitze strikt eine Mittagspause eingehalten in der sich niemand erfrischen darf.

Morgen fahren wir wieder ans Meer.

Gumba ja!

Wie schon zu erwarten, sind die Colobraresen ganz begeistert davon, dass wir ihren Ort als Urlaubsziel gewählt haben. So kommen wir kaum wenige Meter zu Fuß voran, ohne dass wir ein Schwätzchen halten müssen, auf einen Kaffee eingeladen werden oder zumindest jemand einfach nur durch die Haare unseres Sohnes streichelt und dabei „Che bello!" ruft.

Besonders von denjenigen, die meinen Vater kennen – und das sind einige –, wird unausgesprochen voraus gesetzt, dass auch wir sie kennen. So werden wir von etlichen „Gumbas" wie alte Freunde angesprochen, obwohl wir sie leider noch nie gesehen haben. Viele verweisen auch auf meine Verwandtschaft zu ihnen, die mir aber meist nicht in diesem Detailgrad bewusst ist. Diesen Unbekannten geben wir dann immer, in Anlehnung an ein bekanntes Kirchenlied, den Codenamen „Gumba Ja" bis sich heraus stellt, wie derjenige wirklich heißt.

Ein ganz besonderes Exemplar „Gumba Ja"s sollte mir und Matteo eines Tages auf dem Weg nach Hause begegnen. Ein kleiner Mann mit einer beigen Schiebermütze sitzt auf einer Treppenstufe vor einer kleinen Kapelle, wie sie hier oft an der Straße zu finden sind. Er schaut uns zunächst zweifelnd hinterher, bis er seinen innerlichen Kampf gegen seine Neugier verliert und er sich schließlich traut zu fragen wer wir seien. Mittlerweile bin ich Profi in unserer Identifikation und schnell ist auch der Grad unserer Verwandtschaft zu einander geklärt. Leider spricht er dabei so einen heftigen colobraresischen Dialekt – der sich eher vom Griechischen als vom Italienischen ableitet und selbst in Nachbarorten nicht immer verstanden wird –, dass ich seinen Namen nicht verstehe. Auch dem Rest seiner Ausführungen kann ich nur mit größter Mühe folgen. Trotzdem besteht er darauf, uns noch ein paar Meter zu begleiten um auch meine Frau kennen zu lernen. Schnell merke ich dabei, dass es ihm vollkommen egal ist ob ich ihn verstehe oder nicht, denn mit seinem Schwätzchen will er lediglich ein wenig Abwechslung in seinen sonst langweiligen Alltag als Wittwer bringen. Im Übrigen ist er dabei fest davon überzeugt, dass seine recht frühe Verwittwung ihm bereits von einer Hellseherin in den siebziger Jahren vorhergesagt wurde, die ihn auch sonst noch mit allerlei Flüchen belegt hat, zumindest soweit ich das verstehe. Ich frage mich, ob auch ich in Kindestagen dieselbe Hellseherin konsultiert haben muss und der „Fluch des unverständlichen Eingeborenen" nun bei mir eintritt. Mir wird, je näher wir unserem Haus kommen, jedenfalls schlagartig klar, dass wir ihn erstens, aus Gründen der Höflichkeit einladen müssten mit rein zu kommen, um ihn dann zweitens, nur schwerlich wieder los zu werden. Denn außer der Wahrsagerin weiß er noch einige andere Anekdoten zu berichten. Etwas beängstig schließe ich also die Tür auf und merke mit Erfreuen: Sabrina duscht gerade und wird somit in der nächsten halben Stunde nicht auf Besuch eingestellt sein. „Ok, ich komme mit rein und warte" so seine simple wie erschreckende Antwort darauf. Doch just in diesem Moment rettet uns Gumba Carmela und flext ein paar Worte in unseren Hausflur, die ich ebenfalls nur spärlich verstehe. Lauthals lachend verschwindet sie wieder und mit ihr Gumba Ja, wie ich unsere Begleitung nun auch getauft habe. Ach, wie sehr ich sie mag!

Am nächsten Morgen sitzen wir gemeinsam beim Frühstück und es klingelt. In freudiger Erwartung Gumba Carmelas öffne ich die Tür und es steht vor mir: Gumba Ja. Der kleine Mann trägt wieder seine Schiebermütze, lächelt dabei friedfertig und weist darauf hin, dass er ja meine Frau noch nicht kennen würde. Außerdem hätte er da noch etwas. Er hält mir dabei einen Brief aus Deutschland entgegen. „Deutsche Rentenversicherung Schwaben" steht darauf und ich ahne, dass Gumba Ja auch mal als Gastarbeiter in Deutschland gewesen sein muss. Jetzt hat er vielleicht Probleme mit seiner Rentenzahlung und erbittet meine Hilfe. Ich lasse ihn also ein und prompt stellt er sich Sabrina nach allen Regeln der Kunst, aber immer noch unverständlich, vor. Ich nehme derweil das Schreiben der Rentenversicherung und merke, dass es sich um eine Rentenerhöhung handelt, was ich ihm umständlich versuche mitzuteilen. Freudig nimmt er diese Nachricht entgegen und berichtet mir stolz, dass er fünfunddreißig Jahre bei VW in Wolfsburg gearbeitet hat. „Was hast du denn dort ge...." will ich auf Italienisch fragen und stocke: Fünfunddreißig Jahre!? Bis jetzt hat Gumba Ja, der laut seinem Rentenbescheid Gabriele heißt, kein Wort Deutsch mit uns gesprochen. Ich wechsle also ins Deutsche und sage „Na sag das doch gleich, dass du Deutsch kannst!". Ich ernte einen fragenden Blick. „Deutsch?". Wieder keine Reaktion. Ich checke nochmals den Rentenbescheid und tatsächlich. Er war fünfunddreißig Jahre in Deutschland, scheint aber kein Wort Deutsch zu reden. Er teilt damit ein Schicksal, das einige Gastarbeiter, besonders in großen Betrieben, vereinte: Sie lebten in Parallelgesellschaften. Meist arbeiteten in den Fabriken an einem Produktionsschritt nur „die Italiener". Diese trafen sich dann auch außerhalb der Arbeit zu Freizeitaktivitäten und gründeten beispielsweise eigene, rein italienische, Fußballvereine. Oft sprachen wenige Kollegen, z.B. die Vorarbeiter Deutsch und alle anderen hielten sich, sowohl was die Arbeit, aber auch Sonstiges anging, an deren Anweisung und Unterstützung. Sie erledigten dann auch etwa Behördengänge für die Kollegen und waren teils sogar bei Geburten als Übersetzer zugegen. Mein Vater, einst selbst Vorarbeiter auf dem Bau, berichtet mir heute noch von abenteuerlichen Führerscheinprüfungen, auf die ich hier nicht näher eingehen sollte. Selbst Deutsch zu lernen war jedenfalls nicht unbedingt notwendig, wenn das auch verstörend klingen mag.

Ja, fünfunddreißig Jahre war Gumba Gabriele bei VW am Band und hatte damit eine prima Einleitung für alles, was jetzt kommen sollte. Im November 1967 ist er in Wolfsburg angekommen. Die Kälte hat ihn zunächst für eine Woche ans Bett gefesselt, sein Kollege hat in der darauf folgenden

Woche eine Hand in einer Karrosseriemaschine verloren, in der Woche darauf kam sein Bruder nach, im Dezember war er auf dem ersten Weihnachtsmarkt seines Lebens... Ich ahne, dass das nun so weiter gehen wird. Sabrina muss sich mittlerweile wegdrehen vor Lachen, denn auch sie merkt, dass ich schon lange nicht mehr Herr der Lage bin. Und auch ich kann mir das Lachen kaum noch verkneifen und schlucke schwer. Gumba Gabriele berichtet derweil weiter detailgetreu im Wochentakt und das stets auf breitestem Colobraresisch. Als wir im Februar 1968 angekommen sind, wird es mir zu bunt und ich finde schließlich eine gute Ausrede um ihn langsam zur Tür zu komplementieren. Als die Tür sich hinter ihm schließt, atmen wir alle tief durch.

Am nächsten Morgen: Es klingelt und uns alle durchfährt ein Schreck. Doch diesmal ist es kein kleiner Mann mit Schiebermütze, sondern eine alte Dame. Auch sie hält mir ein Schreiben der Deutschen Rentenversicherung vor die Nase und bittet um Erklärung. Das Netzwerk von Gumba Gabriele scheint also zu funktionieren und es hat sich wohl rumgesprochen, dass ein Deutscher im Ort ist, der diese Schreiben entziffern kann. Bei Gumba Gabrieles Redefluss eigentlich kaum verwunderlich. Ich bitte sie herein und erkläre ihr worüber das Schreiben handelt und überbringe die freudige Nachricht. Im Gegensatz zu ihrem Informanten bedankt sie sich knapp für die Hilfe und verlässt uns alsbald wieder. Sie sollte nicht die letzte mit diesem Anliegen gewesen sein, denn bis zum Ende unseres Urlaubes werde ich noch einige Rentenbescheide zu Gesicht bekommen. Selbst Gumba Carmela nutzt in den nächsten Tagen die Chance meiner individuellen Rentenberatung, denn auch ihr verstorbener Mann hat einst einige Jahre in Deutschland gearbeitet.

Als ich an einem die folgenden Tage mit meinem Vater in Deutschland telefoniere und ihm von der Begegnung mit Gumba Gabriele erzähle, meint er nur „Ach der. Ja der hat neulich eine Rentenerhöhung bekommen!" und ich wundere mich schon gar nicht mehr darüber, wie diese Information tausendsiebenhundert Kilometer überwunden haben mag.

Eine Frau aus dem Ausland

*M*eine Großeltern lebten, wie etwa achtzig Prozent der Colobraresen, von der Landwirtschaft. Mein Großvater unterhielt einige Kornfelder in der Umgebung. Ein Waldstück und auch eine kleine Orangenplantage gehören seit eh und je ebenso zum Familienbesitz. Da die Strecken in und um Colobraro sehr weit sind, hat er die meisten Distanzen zwischen den Ländereien auf einem kleinen, aber nicht minder störrischen, Esel zurückgelegt. Das ist auch meine früheste und leider einzige Kindheitserinnerung an meinen Großvater: Ich reite mit ihm an der Hand auf dem Rücken dieses Esels. Dabei halten sich zwei Roccos an der Hand, denn nach alter italienischer Tradition trage ich den Namen meines Großvaters väterlicherseits. Wäre ich ein Mädchen geworden, wäre es die Großmutter väterlicherseits gewesen, erst dann folgen die Namen aus der Linie der Mutter. So ist das noch heute. Zwar spart man sich dadurch die stressige Namenssuche für Neugeborene und vermeidet auch Exoten wie etwa Kevin-Justin oder Channaya-Blue; allerdings fehlt ein wenig die Frische und Abwechslung unter den Namen einer Familie. Ich kenne Familien bei denen die Geschwister alle recht zeitgleich zuerst ein Mädchen bekommen haben. All diese Cousinen tragen nun denselben Namen, was durchaus zu Verwirrungen führen kann.

Für colobraresische Verhältnisse war meine Familie also recht wohlhabend. Das begründet sich auch darin, dass mein Ur-Großvater zur Jahrhundertwende den Schritt wagte und nach Amerika auswanderte. Allerdings bekam er recht schnell Heimweh und kehrte nach wenigen Monaten zurück. Im Gepäck hatte er jedoch ein technisches Wunderwerk: Einen Pflug! Der ermöglichte es nun mit Hilfe eines Tieres die Felder viel schneller zu bearbeiten, als zuvor in mühevoller Handarbeit. Die Colobraresen nannten dieses Gerät ehrfürchtig „Maschine" und mein Ur-Großvater verdiente einen Teil seines Lebensunterhaltes mit der Vermietung der Maschine an andere Landwirte.

Seit einigen Jahren kümmert sich mein Vater um den Familienbesitz und verbringt mindestens die Hälfte seines Jahresurlaubes mit der Pflege der Felder und Bäume. Ebenso beschäftigt ihn alljährlich das Eintreiben der Pacht. Man darf hier aber keine großen Gewinne erwarten. Die Pacht wird seit jeher in Naturalien bezahlt und wurde schon von meinem Ur-Großvater taxiert. So erhalten wir z.B. für einen Hektar Land fünfzig Kilo ungemahlenes Korn. Was früher durchaus als anerkanntes Zahlungsmittel diente, stellt heute eher ein Problem dar: Was macht man mit fünfzig Kilo ungemahlenem Korn? Meine Vater fuhr dieses dann immer zu einer Mühle, lies es aufwendig mahlen und erhielt am Ende wenige Kilo Mehl, deren Anschaffung im Supermarkt sicher deutlich günstiger gewesen wäre. Einmal versuchte er, die jahrhundertealte Pacht beim Pächter hoch zu handeln oder in Bargeld umzuwandeln, worauf dieser mit Entsetzen reagierte. Schleunigst wurden alle dessen acht Kinder in den Raum zitiert um zu verdeutlichen, wie viele Mäuler zu stopfen wären. Die kannten die Prozedur anscheinend schon, denn alle machten sofort betrübte Gesichter. Schließlicht einigte man sich auf eine Pachterhöhung um einen Parmesankäse.

Eine weitere Pachtzahlung erlebten wir bei unserem letzten Besuch am eigenen Leibe. Wie schon erwähnt, erreichten wir damals Colobraro einige Tage vor meinen Eltern. Der Pächter eines kleinen Gartens in der Nähe unseres Hauses begrüßte uns ganz aufgeregt und fragte, wann er denn die Pacht bezahlen könne. Ich verwies ihn auf die baldige Ankunft meiner Eltern. Als diese schließlich wenige Tage später eintrafen, wollte er gleich seine Schuld begleichen und verschwand prompt mit meinem Vater. Sabrina und ich verbrachten indes den Tag am Strand und kamen erst spät abends heim. Als sie die Tür zur Küche öffnete, hörte ich einen markerschütternden Schrei und Sabrina flüchtete vor Schreck ins Schlafzimmer. In der Küche, über dem Waschbecken, hing ein abgezogener Hase, der aus seiner Schnauze blutete. Die Pacht war somit also bezahlt.

Das Eintreiben der Pacht und auch die Pflege sämtlicher Grundstücke würde, sofern nicht bald ein Wunder geschieht, in absehbarer Zeit mir obliegen. Die Chance eines der Grundstücke verkaufen zu können tendiert gegen Null, denn die wenigen Ortsansässigen haben schon mit ihrem eigenen Land genug zu tun und Nachfolger sind meist nicht in Sicht. Doch eines Tages geschah tatsächlich das

Wunder und ein Interessent fand sich. Doch kein Wunder, an dem nicht auch die Kirche einen kleinen Beitrag hat, oder – wie in diesem Fall – verdient. Es stellt sich nämlich schnell heraus, dass die katholische Kirche seit Urzeit ein Vorkaufsrecht auf einen unserer Äcker hält. Auch das ist noch ein Überbleibsel aus der Zeit meines Ur-Großvaters, von dem bisher niemand etwas wusste. Da es sich jedoch kaum vorstellen lässt, dass der Pfarrer demnächst zur Kornernte schreitet, stattete mein Vater ihm einen Besuch ab um ihm vom Verzicht auf das Vorkaufsrecht zu überzeugen. Der Pfarrer hatte Verständnis für meinen Vater und dessen Wunsch, nun endlich seinen Ruhestand genießen zu können und verzichtete schließlich. Doch nicht ohne einen kleinen Hinweis, dass mein Vater doch schon lange nicht mehr die Heilige Messe besucht hätte und er sich mal wieder darüber freuen würde. Auch könnte bei der Gelegenheit eine angemessene Spende in den Klingelbeutel den Verlust des eigentlich lukrativen Ackers ausgleichen. Und so geschah es.

Da ich auch eine gewisse emotionale Bindung zu dem Land habe, – schließlich habe auch ich hier einen Großteil meiner Ferien verbracht – will ich nun „Ciao" sagen und wir statten allen Äckern und Plantagen vor ihrem Verkauf nochmal einen kleinen Besuch ab. Auf der Orangeplantage habe ich besonders viel Zeit als Kind verbracht, denn sie war immer am pflegeintensivsten. So verweilen wir hier etwas länger und unser Kind tobt fröhlich durch die Bäume. Plötzlich erscheint am Ende des Zufahrtsweges ein älterer Herr der uns misstrauisch beäugt. Um seine Zweifel zu entkräften, gehe ich auf ihn zu und stelle uns vor. Es stellt sich heraus, dass es sich um den zukünftigen Käufer handelt, dem unser Auto aufgefallen war und der nun nach dem Rechten sehen möchte. Der Käufer ist sehr freundlich und zeigt mir sehr detailliert, was er mit dem Land vor hat. Ich bin sehr erfreut darüber, denn es lässt sich erkennen, dass er das Ganze sehr viel professioneller betreiben kann und will, als es meinem Vater oder mir jemals möglich gewesen wäre. Er plant sogar eine Erweiterung und würde gern noch ein weiteres Stück Land kaufen. Es liegt etwas näher an der Straße, ist komplett eingezäunt und beinhaltet bis jetzt noch keine Pflanzen oder Bäume. So gesehen, sicherlich ein Stück Land, aus dem sich noch Einiges machen ließe. Mein Vater berichtete mir schon vor Jahren, dass die ehemaligen Besitzer gestorben wären und alles einer unbekannten Frau im Ausland vermacht hätten. Ich frage, ob der Käufer diese Frau kennen würde. „Ja", er kenne sie. Und zu meiner Verwunderung ergänzt er, dass auch ich sie ganz sicher kennen würde. Allerdings wäre es eher schwer an sie heran zu kommen. Ich bin leicht überfragt wer das sein soll. Dann zeigt er mir offensichtlich die Kopie eines Grundbuchauszuges, die er im Geldbeutel trägt. Normalerweise hat man so etwas nicht dabei, aber in diesem Fall lohnt sich die Mitnahme. Denn die ominöse Frau aus dem Ausland, die doch so schwer zu erreichen ist, ist tatsächlich: Die Mutter Teresa aus Kalkutta! Die Vorbesitzer hatten schlicht das Land an sie, beziehungsweise an ihren Orden, vererbt.

In Anbetracht der Erfahrung meines Vaters mit kirchlichen Verhandlungspartnern wünsche ich dem neuen Besitzer viel Erfolg beim Kauf und wir sagen ‚Ciao' zu der Plantage.

Aprikosenzeit

„Kommt schon, nur ein paar Aprikosen" meint Gumba Carmela und drückt mir eine Tüte frischer Früchte in die Hand. Herzlich wie sie ist, versorgt sie uns mit allerlei Köstlichkeiten aus Garten und Küche. Und scheint sich dabei mit der anderen guten Seele unseres Urlaubes ein Wettrennen zu liefern.

Giuseppina ist die Cousine meines Vaters. Sie ist auch recht betagt, aber immer noch stets quirlig. Während der Abwesenheit meines Vaters ist sie es, die sich liebevoll um das Haus kümmert. Und jetzt auch um uns. Die bisherigen Tage verliefen nämlich wie folgt:

Giuseppina bringt uns leckere Kekse vorbei.

Gumba Carmela hat selbst Nudelsauce gemacht und besteht auf der Abnahme eines Glases.

Giuseppina hat auch Aprikosen geerntet und lässt uns daran teilhaben, denn es wäre ja schließlich Aprikosenzeit...

Gumba Carmela klingelt und bringt uns selbstgemachte Salsicce, eine regionalstypische Salami.

Giuseppina hat noch einen Nachschlag: Sie hat auch leckere Aprikosenmarmelade gemacht und möchte uns noch ein Glas überlassen. Auch der Hinweis, dass wir bereits nach unserer Ankunft im Supermarkt ein Glas gekauft hätten, ringt ihr nur einen mitleidigen Blick ab und lässt sie nicht davon abbringen.

Der neue Grundstücksbesitzer scheint in das Rennen einsteigen zu wollen. Er ließ uns nämlich nicht gehen, ohne dass wir Aprikosen mitgenommen hätten. Es wäre schließlich gerade „Aprikosenzeit".

Auch Giuseppina hat Salsicce gemacht und bringt ihr Werk vorbei. Ebenso wie ein weiteres Glas Marmelade, „für zuhause". Ich frage mich hingegen bereits, wie wir all die leckeren Dinge jemals ohne Übergepäck zahlen zu müssen nach Deutschland bekommen sollen.

Und erneut Gumba Carmela. Sie geht auf die Zielgerade und hat leckere „Fior die Zucca" – frittierte Zucchiniblüten – gezaubert.

„...ich weiß, es ist Aprikosenzeit" ergänze ich und nehme schließlich das nächste Kilo entgegen. Damit ist sie – neben uns – die klare Gewinnerin des Rennens! Fürs Erste sollten wir wahrlich gut versorgt sein.

Bürokratie auf Italienisch

*a*us emotionalen Gründen besitze ich seit einigen Jahren, neben meinem deutschen, auch einen italienischen Personalausweis. Dieser kann von der Technik und dem Design zwar nicht mit dem elektronischen Personalausweis der Bundesrepublik konkurrieren, vermittelt aber mit seinem bodenständigen Braun, der Aufschrift ‚Repubblica Italiana‘, dem Staatswappen mit dem Stern und den gefühlt einhundert Stempeln darin immer etwas Hochoffizielles. Meistens fristet er jedoch ein einsames Dasein in einer Schublade. Damit zu Reisen würde ich mich nicht trauen, denn ehrlich gesagt, hat das etwas lappige Dokument in Summe eher den Charme eines Schülerausweises, denn eines Reisedokumentes. Aber es scheint tatsächlich möglich zu sein, auch damit die Welt zu erkunden.

Den Ausweis hatte ich mir bei meinem letzten Besuch ausstellen lassen. Die Dame auf dem Einwohnermeldeamt war damals dermaßen erfreut darüber, dass sie auch Sabrina auf der Stelle einen italienischen Ausweis ausstellen wollte, was ich nur mit größter Mühe zu verhindern wusste. Schließlich waren wir damals weder verheiratet, noch Sabrina Italienerin. Aber dieses Detail schien sie nicht sonderlich zu stören. Wahrsagerisch prophezeite sie uns eine baldige Eheschließung, somit dann könnte man diesen bürokratischen Akt schon mal vorab erledigen. Sabrina indes, war so geschockt über dieses „unmoralische Angebot", dass sie erstrecht dankend verzichtete.

Auch sonst war sie mehr als hilfsbereit. Um damals unsere Boardingpässe für die Rückreise auszudrucken, benötigte ich nämlich einen PC mit Internetzugang. In Colobraro keine Selbstverständlichkeit. Das Einwohnermeldeamt jedoch, ist mit der weiten Welt vernetzt und so bat ich sie um den Gefallen eines Ausdrucks. Was dann geschah, versetzte mich in ungläubiges Staunen. Natürlich könnte ich den Boarding Pass ausdrucken, sie gehe einfach kurz „Eine rauchen" und ich solle mich an ihrem PC bedienen. So saß ich also damals mutterseelenallein im Einwohnermeldeamt eines Rathauses an dem PC mit allen Meldedaten. In einem deutschen Einwohnermeldeamt würde man vermutlich vor Ort dafür exekutiert werden. Bis heute bin ich mitunter so verwundert über meine Aushilfstätigkeit in der italienischen Amtsstube, dass ich nicht mal weiß, was ich alles hätte anstellen können, wenn ich denn gewollt hätte.

Zwischenzeitlich war besagter Ausweis in meiner Schublade abgelaufen und ich wollte ihn schon einige Monate vor unserer Reise bei einer anderen Gelegenheit auf dem italienischen Konsulat in Frankfurt verlängern lassen. Das war jedoch bei Weitem nicht so einfach wie von mir gedacht. Ich müsste zunächst ein Formular ausfüllen und wieder zum Konsulat senden. Meine Heimatgemeide in Colobraro müsste darin zustimmen, dass ich den Ausweis haben dürfte. Danach könnte ich mir ein weiteres Formular abholen auf dem meine Frau unterschreiben sollte, dass ich als ihr Ehemann ein

Reisedokument erhalten darf. Ich hätte schließlich ein Kind und könnte deswegen nicht so einfach mal das Land verlassen; so die resolute Beamtin. Zumindest in der Beziehung scheint in Italien noch Recht und Ordnung zu herrschen. Ich frage mich jedoch bis heute, was mit Ehemännern geschieht, denen die Zustimmung für den Ausweis von ihrer Frau verwehrt wird? Zumindest würden sie bei der nächsten Polizeikontrolle mitleidige Blicke der Polizisten ernten. Den Einwand, dass ich nicht die Zeit hätte noch zweimal wegen der Verlängerung eines Ausweises nach Frankfurt zu kommen, ignorierte die Beamtin gekonnt. Ich beschloss hingegen, das Ganze zu vertagen und wieder auf die Hilfsbereitschaft in Colobraro zu hoffen.

Und so betrete ich nun das etwas unfertig wirkende Rathaus Colobraros. Unfertig deswegen, weil die senkrecht aus dem Flachdach ragenden Eisenstangen seit den siebziger Jahren vergeblich auf die Aufstockung eines weiteren Stockwerkes warten. Anscheinend erwartete man damals noch massiven Einwohnerzustrom oder war einfach sehr optimistisch bei der Planung des Gebäudes. Alles in allem scheint das Rathaus nämlich bereits in seinem jetzigen Zustand etwas zu groß für eine solch kleine Gemeinde.

Innen angekommen, kann ich mich nicht mehr an die Lage des Einwohnermeldeamtes erinnern und beschließe mich durchzufragen. Die Insassen des ersten Büros gegenüber der Eingangstür werden das sicherlich gewohnt sein, denke ich mir und klopfe dort an. Ich werde herein gebeten und befinde mich in einem großen Raum mit einem schweren Mahagonischreibtisch in dessen Mitte. Über dem Schreibtisch hängen, wie an einer Gardinenstange, die italienische und die europäische Fahne. Auf dem Schreibtisch steht ein großes Wappen Colobraros. Alles in allem ein sehr unerwartetes Bild für das erste Büro des Gebäudes. Erst jetzt drehe ich mich zum Türschild und erhalte die Bestätigung für das, was ich bis jetzt nur geahnt habe: Ich befinde mich mitten im Büro des Bürgermeisters! Ich erschrecke mich darüber so sehr, dass ich prompt ins Englische wechsle und mich versuche für die Störung zu entschuldigen um schnell das Weite durch die Tür zu suchen. Der Bürgermeister fühlt sich jedoch kaum gestört, sondern ist eher erfreut und fragt mich seinerseits, wer ich sei und was ich wolle. Ich erkläre ihm, dass ich der Sohn eines Auswanderers bin und nun meinen Ausweis verlängern wolle. Darüber freut er sich dermaßen, dass er es sich nicht nehmen lässt, mich persönlich ins Einwohnermeldeamt zu bringen. Jedoch nicht, ohne mir vorher eine kleine, persönliche Führung durch sein Rathaus zu geben und mir viele Neuerungen vorzustellen. Und – ohne Frage – unter seiner Amtsführung haben sich sehr viele positive Änderungen für Colobraro ergeben. So etwa das alljährliche Straßentheater-Festival.

Das ‚Sogno di una Notte' Festival zählt mittlerweile zu einem der sommerlichen Kulturhöhepunkte der ganzen Region. Die Colobraresen unterhalten ihre Gäste dabei mit vielen kleinen und großen Theaterveranstaltungen auf fast allen Straßen und Piazzen des Ortes. Als Bühne dienen dabei meist einfach die Wohnzimmerfenster oder Balkone in den engen Gassen. Die Stücke sind oft als Zwiegespäche zwischen den Bewohnern aufgebaut und die Schauspieler sind schlicht deren Besitzer. Fast jeder Einwohner ist irgendwie eingebunden, sei es als Schauspieler, bei der Gästebetreuung, der Kostümerstellung oder einfach dadurch, dass man für die Darsteller einen kleinen Snack zaubert. Die Veranstaltung umgibt so ein ganz besonderes, persönliches Flair.

Auch sonst sind uns schon in den letzten Tagen viele Verbesserungen aufgefallen, wie die Sanierung der Schule oder ein neuer Spielplatz. Interessiert verfolge ich die Ausführungen des Bürgermeisters. Sein Engagement, dass er mir gegenüber dabei an den Tag legt, steht sicher sinnbildlich für viele Colobraresen, die mit einigem Elan und Einfallsreichtum in den letzten Jahren viel erreicht haben und keinesfalls verzagen. Ich bedauere es daher fast, dass wir schließlich im Einwohnermeldeamt ankommen.

Im Einwohnermeldeamt sitzt immer noch dieselbe Frau wie bei meinem letzten Besuch. Meine Tätigkeit an ihrem PC scheint also kein Nachspiel für sie gehabt zu haben. Zu meiner Verwunderung erkennt sie mich sofort. Entweder hat sie es äußerst selten mit Auslandscolobraresen zu tun, oder sie hat ein enorm gutes Gedächtnis. Jedenfalls weiß sie aus dem Stehgreif, dass ich im Mai vor sieben Jahren meinen Ausweis bei ihr habe ausstellen lassen. Ich erkläre ihr nun mein Anliegen bezüglich der Verlängerung und was mir auf dem Konsulat deswegen wiederfahren ist. Sie schaut mich etwas verwundert an. Dann nimmt sie wortlos meinen

Ausweis und beginnt mit einer außergewöhnlichen Klaviatur: Innerhalb weniger Sekunden haut sie sieben verschiedene Stempel auf dessen Rückseite. Dabei sieht sie aber keinesfalls hin, sondern bittet mich darum, Grüße an meine Eltern auszurichten. An dieser Stelle sei bemerkt: Meine Mutter hat einen italienischen Pass... Am Schluss dieses Spektakels fragt sie, wie lange ich ihn denn verlängert haben möchte. Ich bin mal wieder irritiert ob dieser Frage und bitte um die längst mögliche Verlängerung. Sie trägt ein Datum in fünf Jahren ein und gibt mir den Ausweis zurück. Da er schon zwei Jahre abgelaufen war, gehe ich davon aus, dass sie mir einen erneuten Besuch auf dem Konsulat auf einfache Weise ersparen wollte, denn dort hatte man mir nur eine Verlängerung für drei Jahre in Aussicht gestellt. Als ich das Dokument auf die bestempelte Seite drehe, traue ich meinen Augen kaum. Alle sieben Stempel zusammen ergeben einen Text, der – trotz, dass sie nicht hinsah – einwandfrei zu lesen ist.

King of the road

*M*it seiner exponierten Lage auf dem Bergkamm ist Colobraro nicht wirklich einfach aus dem Tal zu erreichen. So gibt es nur drei Straßen die ins Umland führen.

Die erste und älteste Straße ist zwölf Kilometer lang, sehr eng und nur mit gutem Magen für Talfahrten empfehlenswert. Viele meiner Cousins und Cousinen konnten die Strecke als Kinder nur nach vorheriger Einnahme von Reisetabletten unfallfrei auf sich nehmen. Mit der zweiten Straße verhält es sich genauso, nur mit dem kleinen Unterschied, dass sie noch enger aber dafür auch nur acht Kilometer lang ist.

Die dritte, „neue" Straße leidet unter einem ganz besonderen Schicksal; sie ist ein nicht endendes Provisorium. Eigentlich sollte sie Ende der Neunziger Jahre ein neues Zeitalter einleiten. Colobraro sollte mit ihr eine breite, bequeme Zufahrt bekommen. An ihrem Ende im Tal sollte ein kleines Industriegebiet etabliert werden und auch eine große Tankstelle sollte den Weg säumen. So soweit der Plan. Heute existiert jedoch nur noch die Tankstelle. Das Industriegebiet war mitunter kaum überlebensfähig. Denn das Hauptproblem der Straße ist ihre Beschaffenheit.

Der frühere Gemeindevorstand war mit dem genannten Plan bei der Regionsverwaltung vorstellig geworden und hatte um Zuschüsse geworben.

Die Basilikata stimmte schließlich zu und bezuschusste die Teerdecke der Strecke; aber auch nur diese. Leider besteht, gerade in bergigen Regionen, eine Straße nicht nur aus der Teerdecke. Die Gemeinde bekam also die Auflage selbst für deren Abstützung zu sorgen. Nun, es kam wie es kommen musste: Im Eifer des Gefechts wurde der Faktor Abstützung großzügig ausgelegt und man hoffte, wenn die Straße mal da sei, würde sie auch schon halten. Das tat sie nicht. Sie führt nämlich mitten durch ein Gebiet, das schon seit Jahren von Erdrutschen geplagt wird. Und so brachen – welch Wunder – schon vor der offiziellen Eröffnung Erdrutsche auf die Fahrbahn oder es stürzten, teils mehrere hundert Meter lange, Teerstücke ins Tal. Ein Zustand, der bis heute anhält.

So bleibt es bei jeder Ankunft in Colobraro immer eine Überraschung für die Anreisenden, ob die Straße entweder ganz gesperrt ist oder ob man sie zwar befahren kann, dabei aber höchste Vorsicht walten lassen sollte. Denn nur weil ein paar Meter Fahrbahn fehlen und jetzt tief im Tal liegen, heißt das noch lange nicht, dass dieses Detail auch vorher durch ein Schild angekündigt werden würde. Besonders Nachtfahrten sorgen so für einen ganz außergewöhnlichen Kick.

Mit einigem Verhandlungsgeschick hat es die Gemeinde aber über die Jahre geschafft, die Straße in die Obhut des Landes Italien zu übergeben. Zumindest ist sie nun eine offizielle Staatsstraße und damit das Land zum Unterhalt und zur Reparatur verpflichtet. Dies mutet meist wie folgt an: Da auch der Staat nicht auf Rosen gebettet ist, wird keineswegs die komplette Straße adäquat abgestützt, sondern immer nur der zuletzt abgerutschte / überschüttete Teil. Währenddessen haben sich aber bereits meist andere Teile wieder gelöst. Somit ist das vermutlich die einzige Straße Italiens, die eine eigene Straßenbaukolonne ihr Eigen nennen kann. Denn sobald man mit den Reparaturen oben angekommen ist, geht es sofort unten weiter. Sogar ein kleines Containerdorf zu Unterkunft der Bauarbeiter wurde deswegen mittlerweile errichtet.

Folgerichtig ist die Straße auch bei unserer Ankunft gesperrt, denn sie präsentiert sich in einem desolaten Zustand. An vielen Stellen hat man sich gar nicht mehr die Mühe des Teerens gemacht, sondern einfach nur die fehlenden Fahrbahnteile durch Schotter aufgefüllt. Weder das, noch die quer über die Fahrbahn angebrachten Bauzäune, die eigentlich die Vollsperrung unterstreichen sollen, stellt für die meisten Einheimischen einen Grund für einen Umweg über eine andere Strecke dar. Die Löcher und Bauzäune werden gekonnt umkurvt, um so den kürzesten Weg ins Tal zu nutzen. Und so schleißen auch wir uns waagemutig der Mehrheit an und nutzen die Route für unsere täglichen Fahrten ans Meer. Zwar immer mit einem mulmigen Gefühl, aber im Zweifel würde ich einfach bei einer Kontrolle auf meine Ortsunkenntnis verweisen. Und so gebrochen, wie mein Italienisch sich immer noch darstellt – auch wenn es mit zunehmender Dauer ständig besser wird, wie ich ein kleines bisschen stolz feststelle – wird mir das auch jeder Polizist abnehmen. Als uns eines Tages tatsächlich die Carabinieri – so der Name, der auf dem Land stationierten und für Straftaten aller Art zuständigen Militärpolizei Italiens – entgegenkommen, steigt mein Blutdruck aber doch ein wenig.

Lässig signalisiert mir die aus dem Fahrerfenster gestreckte Hand des Polizisten, dass ich langsamer fahren soll. Als wir uns auf gleicher Höhe befinden, schauen die beiden Carabinieri über ihre Sonnenbrillen hinweg in unser Wageninneres. Sie blicken leicht grimmig zu mir und meiner Frau, entdecken dann aber Matteo auf der Rückbank. Die eben noch fest von der Ausstellung eines saftigen Strafzettels überzeugten Mienen wandeln sich plötzlich zu einem Lächeln. Fröhlich winkend und „ciao, ciao"-rufend flachsen die beiden und fahren schließlich weiter. Gekonnt umkurven sie dabei das nächste Loch.

Wahrscheinlich wäre ihre Freude nur noch davon übertroffen worden, wenn Matteo selbst gefahren wäre. Uns fällt jedenfalls ein Stein vom Herzen und unser Kleiner ist für heute unser „King of the road".

Kein grüner Punkt

*B*esucht man die Basilikata, so fallen einem unweigerlich zwei Dinge ins Auge: die faszinierende Landschaft, aber auch der leider verschwenderisch anmutende Umgang mit ihr. Fährt man die Landstraßen entlang, werden dem Besucher ungewohnt große Mengen von Abfällen an deren Seiten ins Auge fallen. Jahrelang rosteten sogar zwei entsorgte FIATs an der Landstraße vor Colobraro vor sich hin, ohne dass sich daran jemand großartig gestört hätte. Dieselbe Unbekümmertheit gilt leider auch für die Strände. Oft sind die Zugänge gesäumt von Weggeworfenem aller Art und leider findet sich auch ab und zu direkt Unrat an den Stränden. Es ist zwar keinesfalls so, dass man hier nicht baden möchte oder könnte, die Strände sind immer noch sehr besuchenswert; für mitteleuropäische Augen ist der auffällig viele Müll jedoch ein ungewohntes Bild. Wir fragen uns auch immer wieder, wieso der Müll einfach liegen bleibt, denn an den Zugängen zu den Stränden sind durchaus genügend Mülleimer vorhanden. Der großzügige Umgang mit Plastiktüten tut sein Übriges dazu. Kaum ein Einkauf – mag er auch noch so klein sein – der nicht in einer Einwegplastiktüte verpackt wird. Meist sind es dann auch jene Tüten, die man an den Straßenrändern und an den Stränden wieder findet. Einerseits schätzen die Menschen ihr Land und ernähren sich immer noch zu einem Gutteil davon, andererseits scheint es aber zu einer gewissen Überheblichkeit in Bezug auf den Naturschutz gekommen zu sein.

Auch in Colobraro sind die Wege und Straßen keinesfalls sauber, was noch verwunderlicher ist, denn in den Häusern herrscht geradezu penible Reinlichkeit. Mache Hausfrau hält ihre Küche so sauber, man könnte darin bedenkenlos eine Operation durchführen – da wäre sie wieder die Bella Figura! Die meisten Häuser umringt dabei der Duft von ‚Chante Clair', einer italienischen Reinigungsallzweckwaffe, deren eigentlich aggressiver Chlorgeruch durch Mandelextrakt zu übertünschen versucht wird. Nachweislich lässt sich damit wirklich jeder Fleck entfernen. Aber der Geruch ist dermaßen penibel, dass zu bezweifeln bleibt, ob man dieses Produkt in irgendein anderes Land einführen dürfte oder ob man sich damit des Verstoßes gegen die Genfer Konvention schuldig macht. Die italienischen Hausfrauen jedenfalls schwören darauf.

Doch an den Haustüren scheint dieser Reinlichkeitsanspruch zu enden. Die Reinigung der Straße kommt jedenfalls den wenigsten in den Sinn. Weggeworfenes bleibt einfach so lange liegen, bis die Straßenreinigung kommt. So wurde etwa mein Vater einst von den Nachbarn verwundert angesprochen, als er samstags – ganz deutsch – die Straße kehrte. In manchen Regionen Deutschlands würde man dieselbe Reaktion ernten, wenn man es nicht täte.

Zumindest die Regionsregierung hat das Problem endlich erkannt und diverse Schritte ergriffen. Etwa sind nun die Kommunen zum Bereitstellen von getrennten Müllgefäßen verpflichtet. Auch in Colobraro fallen uns gelbe, blaue, grüne, graue und metallene Mülltonnen und Container auf. Jedoch hat keineswegs jeder Haushalt ein eigenes Tonnensortiment, wie in Deutschland üblich, sondern diese sind scheinbar zufällig im ganzen Ort verteilt und werden gemeinschaftlich genutzt. Aber immerhin; denn früher gab es bei uns nur eine Art der Mülltrennung: einen Eimer mit allem Möglichem der jeden Abend in einen Container entsorgt wurde. Und einen Eimer mit Essensresten für Gumba Carmelas Schweine. Der war optisch und geruchlich nicht sonderlich schmackhaft und ich habe als Kind stets einen weiten Bogen darum gemacht.

Vom deutschen „Grünen Punkt" vorbelastet, sammeln nun auch wir getrennt den Müll und bringen ihn zu den entsprechenden Behältern. Das stellt sich allerdings nicht immer einfach dar. Da die verschiedenen Tonnen wild durchs Ort verstreut sind, oder sogar kilometerweit außerhalb an der Straße stehen, ist eine exakte Routenplanung von Nöten um alle Müllsorten artgerecht zu entsorgen. Die Restmülltonne steht etwa fünfhundert Meter von unserem Haus entfernt, das gelbe Plastik nahe der Piazza, die grauen Flaschen in einem kleinen Hinterhof und die einzige grüne Biotonne die wir entdecken, ist die besagte einsame Tonne an der Landstraße. Ganz in der Nähe, hinter Vitos Haus, findet sich eine blaue Papiertonne.

Als wir mal wieder auf einer unserer Entsorgungstouren unterwegs sind, und damit der Verzweiflung nahe wo denn jetzt der verdammte

Restmüll nochmal war, begegnet uns Vitos Vater. Er schaut uns zu, wie wir mit verschiedenen Tüten bewaffnet in alle Himmelsrichtungen ausschwärmen. Als wir wieder zusammen kommen, fragt er was wir da machen würden. „Den Müll trennen" sage ich. Fröhlich lacht er und ruft „Hey, warum rennt ihr durchs Dorf...? Tut einfach alles hier rein!" und zeigt auf die nahe Papiertonne. „Ja, aber wir suchen den Restmüll". Fröhlich geht er schnellen Schrittes an uns vorbei und ruft uns mit ausladender Geste zu: „Egal, kommt doch eh nur ein Müllauto!" Ich öffne den Behälter und entdecke eine Melange aus Abfällen aller Art; Papier ist auch dabei.

Am nächsten Morgen staunen wir nicht schlecht, denn er sollte Recht behalten. Die Müllmänner der örtlichen Müllabfuhr fahren tatsächlich eine Tonne nach der anderen, unabhängig von ihrer Couleur, an und der Inhalt wird in denselben Wagen geladen.

Auch das ist italienische Bürokratie. Einerseits werden die Bürger zur Mülltrennung aufgefordert, der Staat hat dann aber nicht die Mittel sie durchzuführen und die Gemeinden werden damit alleine gelassen und tun ihrerseits auch nicht mehr als sie können oder eben müssen.

Doch zumindest einige Lichtblicke in Sachen Umweltschutz gibt es. So hat sich am Meer sogar ein WWF- Zentrum etabliert, das gestrandete Schildkröten aus den Fängen von Plastiktüten rettet und sich um angefahrene Tiere oder abgestürzte Vögel kümmert. Wir statten dieser Einrichtung einen Besuch ab und sind mehr als überrascht, dass sich mit uns auch eine stattliche Zahl Einheimischer für die Arbeit des WWF interessiert und ebenfalls an einer Führung teilnimmt. Besonders die Meeresschildkröten faszinieren uns und die anderen Gäste sehr, denn den Wenigsten unter uns war bis dahin bewusst, dass diese Meerestiere in dieser Gegend überhaupt existieren. Aber bei unserem Besuch sind über achtzig Exemplare – manche bis zu 1,30 Meter groß – in der Obhut des Institutes. Und es kommt sogar während unserer Führung ein weiteres Tier dazu, dass eine besorgte ältere Dame an einer Straße aufgefunden hat und nun abgeben möchte.

Außerdem organisiert der WWF hier zusammen mit den Schulen des Umlandes Sommercamps und Exkursionen, die die Wichtigkeit des Umweltschutzes den nächsten Generationen nahe bringen sollen. Diese werden wohl ebenfalls mit großem Interesse angenommen. Die Arbeit des WWF und anderer Organisationen wird also durchaus wertgeschätzt und unterstützt.

Und vielleicht gibt es so auch in naher Zukunft getrennte Müllautos in der Basilikata.

Coffee to go

*W*ie eingangs schon beschrieben, war das exorbitant leckere Eis Italiens eines der Hauptargumente für unsere Reise.

Auch Colobraro besitzt eine vorzügliche Eisdiele, die gleichzeitig eine Pasticceria – also das italienische Pendant zu einer Konditorei – ist und somit auch herrliche Dolci im Angebot hat. Mindestens einmal pro Urlaub kamen wir Kinder in deren Genuss. Nämlich genau dann, wenn unsere Großmutter mir oder einem meiner Cousins und Cousinen eine, meist nicht unerhebliche, Summe Bargeld in die Hand drückte um dort für alle einkaufen zu gehen. Meistens reichte der Betrag für ein riesiges Tablett voller cremigen Leckereien. Diese schöne Tradition war alljährlich das Highlight meines Urlaubes. Dementsprechend großzügig fielen meine Einkäufe aus. Von anderen Einkäufern ist jedoch überliefert, dass nicht immer die gesamte Summe zwangsläufig in Dolci investiert wurde.

Nun sind wir bereits einige Tage in Colobraro und haben meinem Sehnsuchtsort noch keinen Besuch abgestattet. Ein Notstand, den es schleunigst zu beheben gilt. Also überzeuge ich unsere kleine Reisegruppe von einem Eis, wobei die Überzeugungsarbeit nicht sonderlich schwer ausfällt. Im Handumdrehen erreichen wir die Eisdiele und schieben den obligatorischen Fliegenvorhang zur Seite. Mein Gesicht versteinert sofort und ich muss mir einen Schrei mit größter Mühe verkneifen. Es gibt kein Eis mehr! Und auch die schöne alte Vitrine mit den Dolci ist verschwunden. Stattdessen ist die komplette Eisdiele in eine Bar mit schwerer Holztheke, dunkler Rückwand und grellgrüner und rosa Beleuchtung umgewandelt worden. In den Regalen davor finden sich allerlei Spirituosen, aber weit und breit kein Eis, geschweige denn Dolci. Der Tresen besteht aus einem alten, in der Mitte halbierten, Baumstamm und lädt auf den Barhockern davor zu einem Drink oder einem Kaffee ein. Dahinter grummelt eine mächtige Espressomaschine vor sich hin. Lediglich die Besitzerin ist noch dieselbe.

Ich frage sie, was aus der schönen alten Eisdiele geworden sei. Ihre Antwort ist traurig aber simpel: Sie ist schlicht dem Phänomen der Überalterung Colobraros zum Opfer gefallen. Alte Menschen essen einfach nicht genug Eis um eine Eisdiele am Leben zu erhalten. Daher haben die Besitzer auf das klassische Bargeschäft umgesattelt. Nun öffnen sie schon um halb sechs morgens. Dann gehen nämlich schon die ersten Colobraresen zur Feldarbeit und stärken sich mit dem, um diese Zeit notwendigen, Espresso. Dazu passend werden ein paar wenige Sandwiches angeboten. Nach der Mittagspause bietet die Bar dann einen Treffpunkt auf ein Feierabendbier und später eben auch mal auf einen Longdrink für die wenigen jungen Leute. Auffallend dabei ist, dass solche Bars zwar in Süditalien äußerst beliebt sind, jedoch fast nur von männlichen Besuchern aufgesucht werden. Frauen trifft man hier kaum, und wenn, dann eher vormittags auf einen Kaffee. Die Männer hingegen treffen sich hier auch zu abendlichen Kartenrunden. Dazu bietet die Bar jetzt eigens einen Nebenraum: die frühere Eisküche – was ich unter innerem Protest hinnehme. Diese Kartenrunden sind fast kleine gesellschaftliche Highlights. Bei besonders guten Partien kann es vorkommen, dass die vier Spieler, die man für das regionaltypische „Scopa"-Kartenspiel benötigt, von mehr als einem Dutzend Zuschauern umringt werden.

Das alles tröstet nur schwer über den Verlust „meiner" Gelateria hinweg, aber aus Höflichkeit bestellen wir wenigstens zwei Kaffee. Tja, was soll man sagen: neben Eis ist der Kaffee das zweite große Steckenpferd der Italiener. Jedenfalls sind die beiden Exemplare, die wir kredenzt bekommen, nicht vergleichbar mit dem, was man hierzulande oft bei irgendwelchen Kaffeeketten angeboten bekommt. Allein die Zubereitung ist schon eine Wissenschaft für sich und wird von der Barfrau – ich komme immer noch nicht drüber hinweg, dass es mal die Eisfrau war – mit allerlei Handgriffen zelebriert. Die Maschine rattert und dampft vor sich hin und schließlich entlässt sie eine wunderbar duftende, braun-cremige Flüssigkeit in zwei winzig kleine Espressotassen. Diese werden uns, zusammen mit dem obligatorischen stillen Wasser, auf einem kleinen, silbernen Tablett gereicht. Wie selbstverständlich erhält Matteo dazu seinen Kinder-Espresso. Wir genießen unsere cremigwürzigen, aber grundsoliden, Kaffees und beschließen doch öfters zu kommen. Als wir die Rechnung bestellen wird schlagartig klar: wir kommen jetzt jeden Morgen: 1,40 Euro für zwei herrliche Espresso! In einer Bar! Auf einem Tablett! Und wir erinnern uns dankbar an das italienische Espresso-Gesetz...

So sollte fortan unser erster Gang des Morgens häufig in die Bar führen, um dort unseren Frühstückskaffee einzunehmen.

Als ich jedoch an einem Morgen allein auf dem Rückweg vom Einkaufen bin, denke ich an meine Lieben zuhause und will sie mit einem mitgebrachten Kaffee überraschen. Ich betrete also die Bar und bestellte zwei Kaffee zum Mitnehmen. Die Barfrau schaut mich etwas entgeistert an. „Zum Mitnehmen?" fragt sie. „Ja, für Zuhause" so meine Antwort. Sie ist immer noch verwirrt. „Ja, aber wie willst du die transportieren?". Pappbecher scheint sie nicht dafür in Betracht zu ziehen. Außerdem weigert sie sich mir den Kaffee mit zugeben. Der wäre dann schließlich kalt bis ich ankomme, würde somit nicht mehr schmecken und das würde letztlich ein schlechtes Licht auf ihre Bar werfen. Ich erkläre ihr, dass das in Deutschland Gang und Gebe ist. Die Leute eilen auf ihrem Arbeitsweg in eine – meist amerikanische – Kaffeehauskette und kaufen sich einen Kaffee im Pappbecher. Weil die Schlange oft sehr lang ist und der Barista sonst den Überblick verliert, schreibt man sogar seinen Namen auf den Becher. Das erhaltene Getränk trinkt man dann hastig im nächsten öffentlichen Verkehrsmittel.

„Kaffee, in einem Pappbecher? Zum Mitnehmen?" erwidert sie entgeistert. „Mit dem Namen drauf!" sage ich schelmisch grinsend. Ihr Antwort könnte kaum entrüsteter ausfallen, gibt aber den tiefst möglichen Einblick in das italienische Lebensgefühl: „Wieso... sollte irgendjemand denn keine Zeit für einen Kaffee an der Bar haben?". Innerlich verneige ich mich vor dieser Antwort.

Kleiner Nachtrag: Sucht man im Internet nach „Starbucks Italien" findet man nur verzweifelte Fragen von Amerikanern: „Is there a starbucks in Rome? Please help!". Von dem Franchiseunternehmen mit den unaussprechlichen Kaffeesorten findet man jedoch in ganz Italien keine einzige Filiale. Italiener scheinen es also nicht zu vermissen.

Greta und die Chips

*N*eben dem Besuch des Meeres war die Auswahl an Freizeitaktivitäten in meiner Kindheit eher beschränkt. Die einzige Ablenkung bestand im Wesentlichen darin, das eigene Taschengeld in die Videospielautomaten in diversen Bars zu investieren.

Da haben es heutzutage die Kinder in Colobraro um einiges besser. Dank des schon erwähnten Spielplatzes, gibt es zumindest für die Kleineren ein wenig Abwechslung. Und so besuchen auch wir des Öfteren den – zugegebener Maßen – riesigen Spielplatz. Anscheinend hat man dessen Fehlen in der Vergangenheit nun versucht durch schiere Größe auszugleichen und einen Spielplatz in der Abmessung eines Fußballfeldes geschaffen. Zu unserer Verwunderung wird der aber keineswegs nur von kleinen Kindern angesteuert. Auch die Jugendlichen des Ortes kommen offensichtlich sehr gern und genießen es endlich einen Treffpunkt zu haben. Man könnte nun meinen, dass ein Treffen von Jugendlichen auf einem Spielplatz nicht mit dessen eigentlicher Nutzungsbestimmung übereingeht; aber weit gefehlt. Die Größeren lungern nicht etwa rauchend und pöbelnd in einer Ecke, sondern sitzen meist an einer der vielen Sitzgelegenheiten und unterhalten sich fröhlich. Kommt aus Versehen mal ein Ball vorbei geflogen, wird dieser nicht etwa auf das nächste Häuserdach gekickt, sondern an dessen kleinen Besitzer zurückgerollt, jedoch nicht ohne dem dabei noch nett durch das Haar zu streicheln. Selbst unter Jugendlichen ist Kinderfreundlichkeit in Süditalien schon ein hohes Gut.

Auch Matteo hat hier seine helle Freude. Nicht nur die vielen Spielgeräte haben es ihm angetan, sondern auch ein kleines Mädchen: Greta. Sie ist anfangs so fasziniert von dem kleinen blonden Jungen – ein hier eher unübliches Bild –, dass sie ihn zunächst etwas verschämt beobachtet. Langsam traut sie sich dann näher und hält, immer noch ganz vorsichtig, unserem Sohn ihre Tüte Chips entgegen. Denn das haben alle anwesenden Spielplatzbesucher gemeinsam: Chips! Deutsche Mütter würden sofort in den „Alnatura-Dinkel-Keks-Alarm" versetzt werden bei dem Anblick eines italienischen Spielplatzes: Chips allenthalben. Kaum ein Kind, das nicht mit einer großen Tüte bewaffnet ist und permanent vor sich hin kaut. Wir fühlen uns prompt in das Gespräch mit unserer Lehrersnachbarin über ihre übergewichtigen Schüler zurück versetzt. Aber sei es drum. Matteo passt sich seiner Umgebung an und greift gern zu. Fortan sind er und Greta unzertrennlich und spielen und toben gemeinsam über den Platz. Liebe geht eben doch durch den Magen.

Ich – als einziger Vater auf dem Spielplatz – werde zunächst misstrauisch beäugt. Die Rollen scheinen hier doch eindeutiger verteilt zu sein: Mütter – Spielplatz; Väter – Bar. Die anwesenden Mütter jedenfalls, wirken doch etwas nervös, ob eines ihnen unbekannten Mannes auf dem Spielplatz. Zwar sind die Furcht vor Kindesentführungen und Pädophilie hier nicht ganz so präsent wie etwa in großstädtischen Gefilden, aber wirklich zu trauen scheinen sie mir nicht. Erst als sie merken, dass ich zu Matteo gehöre, sind sie ganz verzückt und beginnen fröhlich über mich zu tuscheln. Eine wagt dann den Vorstoß und fragt wer wir sind. Ich erkläre es ihr und erfahre gleich das höchst mögliche Lob für mein Engagement als Vater: ich werde auf einen Griff in ihre Chipstüte eingeladen.

Besonders ein kleiner Junge scheint sich zu mir hingezogen zu fühlen. Er lehnt, bekleidet mit einer blauen, viel zu großen Blousonjacke, ein paar globigen Lederschuhen und einer FIAT-Kappe, wie sie sonst nur die Landwirte der Gegend tragen, an einem Baum. Dabei sieht er tatsächlich aus, wie ein zu klein geratener Landarbeiter. Vermutlich stammt er von einem der vielen Aussiedlerhöfe rund um Colobraro. Das Bild perfektioniert die Mundharmonika, die er fachmännisch in den Händen durch den Mund gleiten lässt. Man hätte ihn in diesem Outfit und mit diesem Accessoire direkt in einen Bud-Spencer-Film der siebziger Jahre versetzen können; er hätte perfekt eine kindliche Hauptrolle einnehmen können. Hier auf dem Spielplatz hat er jedoch leider die Außenseiterrolle inne und bleibt eher im Hintergrund. Bis er mich entdeckt. Er versucht mir möglichst unauffällig seinen Ball zuzurollen, so als ob er ihn aus Versehen zu mir gekickt hätte. Freundlich lächelnd spiele ich ihm den Ball zurück und er traut sich etwas hervor. Ob er spielen dürfte, fragt er mich in breitestem Colobraresisch. Auch das unterscheidet ihn von den anderen Kindern, die eher Hochitalienisch sprechen. Ich bejahe seine Frage und erwarte, dass er nun den Ball ein wenig hin und her kicken will. Er aber nimmt stolz die Mundharmonika in den Mund und fängt an mir etwas vorzuspielen. Ich bin ganz gerührt. Als er fertig ist, sage ich, dass er das toll gemacht habe und streichle ihm, ganz so wie es ein Einheimischer tun würde, über die Kappe. Ich frage ihn, wie er heißt. „Rocco, wie mein Opa" sagt er.

Arrivederci

*N*un ist es soweit, unser Heimatbesuch neigt sich nach zwei Wochen dem Ende zu.

Morgen werden wir zum letzten Mal die beschädigte Straße ins Tal fahren, vorbei an den Olivenbäumen und den Faltengebirgen.

Wenn wir vorher zum Bäcker gehen, wird unser Kleiner sicherlich noch ein letztes Brötchen geschenkt bekommen. Ein, uns noch vor zwei Wochen gänzlich unbekannter „Gumba", wird uns bestimmt nochmals zum Abschied herzlich auf der Straße grüßen.

Zuhause werden wir später besonders die leckere Pasta und all die Salsicce vermissen. Gumba Carmela wird uns aber kaum ohne einen kleinen Proviant gehen lassen. Und auch bei Giuseppina wird sicher noch ein letztes Glas Aprikosenmarmelade seinen Besitzer wechseln.

Der Duft der Alimentaris wird uns dann noch lange in den Nasen bleiben. Leider auch der von ‚Chante Clair'.

Heute Abend werden wir noch ein letztes Mal allen „Ciao" sagen, mal über einen Balkon rufend oder kurz durch den Fliegenvorhang lugend. Fast wie echte Colobraresen.

Letzte Hürden

Es hätte so schön sein können. Der Abend vor unserer Abfahrt mit all den Verabschiedungen war erwartet schön und etwas melancholisch, nun jedoch hatte Italien noch eine Überraschung für uns parat. Bis jetzt lief ja alles – trotz mancher Sprachschwierigkeit – zu meiner Verwunderung überraschend glatt. Das sollte sich noch einmal ändern.

Während in anderen Ländern seit Jahren über die Einführung einer PKW-Maut verhandelt wird, ist ‚Autostrada Italiana' – die italienische Autobahngesellschaft – bereits Marktführer im Bereich Wegelagerei und Autofahrerschikane. An jeder Autobahnauffahrt Italiens, bis ins letzte Hinterland, sind beschrankte Mautstationen eingerichtet, an denen ein Automat Einfahrttickets auf die Autobahn vergibt. Erst nach Erhalt des Tickets öffnet sich der Sesam und man darf die Autobahn benutzen. Verlässt man die Autobahn später wieder, muss man die Maut für die gefahrene Strecke wieder bei einem Automaten, oder wenn man Pech hat, bei einem maximal unmotivierten Mitarbeiter, entrichten. So weit so simpel, wenn das System nicht aus den Fugen gerät.

Just in dem Moment in dem wir die Autobahn befahren, treffen wir jedoch auf eine geöffnete Mautstation. Keine Menschenseele weit und breit und auch der Automat spuckt kein Ticket aus. Aber alle Schranken sind weit oben. Da die Autobahn nach Bari erst kurz vor der Basilikata beginnt, befinden wir uns hier folglich an deren aller ersten Station und vermuten, dass das fehlende Ticket und die geöffneten Schranken eine Art Kostensparmaßnahme darstellen. Denn weiter südlich kann man schließlich nicht auffahren. So wäre sowieso immer die maximale Maut für die Strecke zu entrichten. Ich zweifle etwas an dieser Theorie, Sabrina ist da schon überzeugter und überredet mich schließlich, nicht mitten auf der Autobahn vor offenen Schranken zu warten. Wagemutig fahren wir also los.

Schon auf dem Weg zur Ausfahrt in Bari – die Strecke beträgt lediglich fünfzig Kilometer – ahne ich nichts Gutes. Zum Einen müsste ich mit dem Mautbeamten in Verhandlung treten um ihm den Sachverhalt zu erklären – sofern ich es überhaupt mit einem menschlichen Mitarbeiter zu tun bekommen würde – zum Anderen sagt mir meine langjährige Erfahrung mit dem italienischen Mautsystem, dass die Sache sicherlich einen Haken hat. Sabrina versucht derweil meine zurückkehrende italienische Unruhe – die übrigens während des kompletten Urlaubes gänzlich verschwunden war – zu beruhigen.

Mit einem mulmigen Gefühl verlassen wir also die Autobahn und ich hoffe zumindest nicht an eine „Automatenausfahrt" zu geraten, was sich leider als Irrglaube herausstellt. Wieder ist kein Mensch zu entdecken. Ich fahre also den Automat an und drücke die „Assitenca"-Taste. Auf der anderen Seite meldet sich eine vollkommen verzerrte und unverständliche Stimme. Ich erkläre auf Italienisch was passiert ist und erhalte eine kaum besser verständliche Antwort. Ich wiederhole also „Wir sind auf der ersten Auffahrt aufgefahren, aber da gab es kein Ticket und die Schranke war offen". „Si, Si..." höre ich vom anderen Ende. Ich scheine also Gehör gefunden zu haben. „Bezahlen sie einfach den angezeigten Betrag" kratzt die Stimme aus dem Automat. Überglücklich, dass das nochmal gut ausging, will ich meine Kreditkarte in den Automat schieben, erkenne aber zum Glück noch rechtzeitig den kaum leserlichen Betrag: 96,60 €, zeigt die sonnenvergilbte Digitalanzeige an. „Moment, wir sind nur fünfzig Kilometer gefahren, das waren auf dem Hinweg 4,60 €!" antworte ich entrüstet. „96,60 €!" antwortet es aus dem Automat. „Wieso?". „Weil sie kein Ticket haben!". Wumms. Die Sprachverbindung endet abrupt. Stur zeigt der Automat weiterhin 96,60 € an und mittlerweile bildet sich eine wild gestikulierende und hupende Automeute hinter uns. Ich drücke nochmal „Assitenca". Keine Reaktion. Nach meinem dritten penetranten Klingeln tut sich etwas. „Moment!" schreit es unfreundlich aus dem Automat. Plötzlich wird ein Billet ausgedruckt und die Schranke öffnet sich. Auf dem Ticket findet sich der freundliche Hinweis, dass es sich hierbei um einen Strafzettel handelt, den ich innerhalb von fünfzehn Tagen zu entrichten hätte. Um das zu unterstreichen wird gleich ein Bild mit unserem Nummernschild mitgeliefert. Immerhin, bezahlen kann man bequem per PayPal oder in einem der vielen ‚Punto Blu' an der Autobahn – den Kundenservicecentern der Autostrada Italiania.

Der nächste Punto Blu befindet sich direkt hinter der Mautstation und zwar so kundenfreundlich platziert, dass man einmal komplett alle acht Spuren der Auffahrt queren muss, um dorthin zu gelangen. Also nehmen wir dieses waghalsige Manöver unter schrillem Hupen der anderen Verkehrsteilnehmer auf uns, um das Problem hier hoffentlich aus der Welt zu schaffen. Vielleicht sollte ich angeben, Matteo sei gefahren, denke ich mir insgeheim, dann wären wir sicherlich mautbefreit.

Aber auch dieser Aufwand stellt sich als umsonst dar, denn das Thema Kundenservice wird hier nicht sonderlich groß geschrieben. Punto Blus haben nur von 8:00 Uhr bis 13:00 Uhr geöffnet, dann ist erstmal Mittagspause – welch Überraschung. Ab 15:00 Uhr wird man dann bis 20:00 Uhr weiterbedient. Abkassiert wird hingegen an vierundzwanzig Stunden am Tag. Dementsprechend lange ist auch die Schlange der bereits Wartenden als wir gegen halb acht eintreffen. Ich beschließe das Unterfangen aufzugeben und mich in Deutschland per E-Mail zu beschweren. Große Hoffnung hege ich dabei allerdings nicht.

Drei Wochen später: meine äußerst kritisch formulierte E-Mail an Autostrada Italiana hat wohl Wirkung gezeigt, denn ich erhalte die nie erwartete Antwort. Der Mautbetrag wurde der tatsächlichen Strecke angepasst und könnte nun per PayPal bezahlt werden. Zwar wurde mir noch eine Mahngebühr für verspätetes Zahlen aufgebrummt, aber sei es drum. Ich nehme diese als Investition in die italienische Infrastruktur hin und zahle prompt.

Irgendwie bin ich enttäuscht, dass diese Episode dann doch so unspektakulär und ohne jegliche Diskussion endet. Eine knappe E-Mail, eine kurze Entschuldigung für die Unannehmlichkeiten verbunden mit dem Wunsch nach weiterhin guter Fahrt. Italien ist auch nicht mehr das was es einmal war...!

Nachbemerkung

*Ü*ber all unsere anfänglichen Zweifel hinweg: Colobraro und die ganze Basilikata waren eine Reise wert. Selten zuvor haben wir derart viele freundliche Menschen in einem Urlaub getroffen. Nirgendswo wurden wir wie Fremde, sondern stets mit offenen Armen empfangen. Die Einheimischen freuen sich wirklich über jeden Besucher. Sollte dieser auch noch an deren Geschichte oder an der Geschichte dieser traditionsreichen Region interessiert sein, dann ist die Freude umso größer. Und auch deren Interesse an uns hat uns immer wieder überwältigt.

Das Land und die Menschen dort haben fürwahr ihre Eigenheiten – was im Übrigen für jedes Land der Welt gilt. Ich habe versucht sie in diesem Buch so neutral wie möglich, aber immer mit einem Schuss Ironie darzustellen. Nie war es jedoch meine Absicht irgendjemanden bloß zu stellen, was mir hoffentlich gelungen ist.

Die erzählten Anekdoten sind alle so geschehen und stellen einfach die Lebensart im Mezzogiorno dar. Sei diese so gewollt oder aus der Verzweiflung heraus geboren. Doch genau das macht das Leben hier so besonders. Die Menschen der Basilikata arrangieren sich mir ihrer Situation am südlichsten Ende des Stiefels – fast am Ende der EU – zu leben. Oder wie sie es sagen: gefühlt näher an Afrika als an Rom. Sie arrangieren sich nicht nur, sie machen das Beste daraus. Und das heißt hier vor allem:

Hilfsbereitschaft, Herzlichkeit, Improvisationstalent und das Leben einfach so zu nehmen wie es kommt.

Eines zog sich wie ein roter Faden durch unseren Urlaub: diese außergewöhnliche Kinderfreundlichkeit, die Matteo hier zuteilwurde. Wir waren nicht überrascht, wir waren auch nicht verblüfft, wir waren einfach baff, welch hohes Gut ein Kind in Italien ist und wie unser Kleiner behandelt wurde. Auch hiervon kann man sich in manchen anderen Ländern eine Scheibe abschneiden.

Und nicht zuletzt ist es auch diese ursprüngliche, einfache, aber schlichtweg leckere Küche, die jeden begeistern wird, der den Weg in den Süden Italiens auf sich nimmt.

Natürlich ist nicht alles Gold was glänzt. Die Menschen leben nicht im Überfluss und wären die Lebenserhaltungskosten nicht denkbar gering, viele hätten allmonatlich noch mehr mit ihrem kleinen Einkommen zu kämpfen. Die Infrastruktur liegt immer noch an vielen Stellen im Argen. Ebenso fehlt es an einer zeitgemäßen Versorgung von alten und kranken Menschen. Auch das kann nur durch das enorm ausgeprägte soziale Gefüge abgefedert werden. Und auch das mangelnde Naturschutzverständnis wird noch lange in den Köpfen vorherrschen, bessert sich aber in kleinen Schritten zum Guten.

Jedoch, all dem überwiegt die faszinierende Landschaft, die unendliche Ruhe und das Gefühl des Geerdet-seins, das man unweigerlich in der Basilikata erhält.

Für uns steht jedenfalls fest, dass wir sicher wieder kommen werden und uns schon sehr auf die nächsten Urlaubsgeschichten in Colobraro freuen.

Ci vediamo – Wir sehen uns wieder...an der Sohle des Stiefels

Mein herzlicher Dank gilt

Allen Colobraresen für unseren wunderbaren Aufenthalt

Ganz besonders Gumba Carmela und Giuseppina für ihre Fürsorge um uns

Meinen Eltern für die Bereitstellung unsers Domizils und, dass sie ohne Murren hinnahmen, dass wir dieses Abenteuer mal ohne sie aufnehmen wollten

Meinem Verlag für die Veröffentlichung dieses Werkes

All meinen Lektoren

Und natürlich: Sabrina und Matteo, dass ich all diese schönen Erlebnisse mit ihnen teilen durfte